Zu diesem Buch

Heiraten liegt wieder im Trend – doch wird heute darunter etwas anderes verstanden als in den Fünfzigern. Christine Hohwieler spürt dem Ehe-Revival auf unkonventionelle und spöttische Art nach, ohne dabei den Sinn für Romantik zu verlieren. Ihr Buch ist eine witzige und ehrliche Auseinandersetzung mit all den Ängsten, die Single-Frauen ereilen, wenn sie ihre heißgeliebte Freiheit zu Grabe tragen.

«Ein idealer Begleiter in den schweren Stunden vor dem Jawort, der sogar überzeugte Singles verführen könnte.» *Brigitte*

Die Autorin

Christine Hohwieler, geb. 1966 in Frankfurt/Main, studierte in München Kommunikationswissenschaft, Betriebswirtschaft und Psychologie. Als Journalistin schrieb sie zunächst für die Zeitschriften «Playboy» und «Freundin». Seit 1995 ist sie Redakteurin im Ressort «Kultur und Unterhaltung» bei der «Brigitte».

Christine Hohwieler

Ja, ICH WILL!

Heiraten –
die letzte Herausforderung
für starke Frauen

Rowohlt Taschenbuch Verlag

Veröffentlicht im Rowohlt Taschenbuch
Verlag GmbH, Reinbek bei Hamburg,
September 1999

Umschlaggestaltung Notburga Stelzer
(Foto: The Image Bank)
Gesamtherstellung Clausen & Bosse, Leck
Printed in Germany
ISBN 3 499 60775 1

Inhalt

«Endlich weg von der Straße»

Warum Frauen heiraten

Die Zahl der Opfer wuchs unaufhörlich. Langsam und schleichend griff es um sich, unaufhaltsam und hochgradig ansteckend verwandelte es meine ehemals fröhliche Clique in einen Tummelplatz der Langeweile. Es erwischte die besten von uns: souveräne Karrierefrauen, lebenslustige Girlies, selbstbewußte Singles – ohne ersichtlichen Grund und innerhalb eines Jahres beschlossen fünf meiner engsten Freundinnen, ihre Freiheit zu Grabe zu tragen und ihr Dasein fortan als Ehefrauen zu fristen. Ich war entsetzt, verzweifelt, fassungslos. Empfand jede neue Hochzeitseinladung, die in meinen Briefkasten flatterte, als Hochverrat. Waren wir nicht glücklich gewesen? Hatte ich ihnen nicht alles geboten, was man sich vom Leben nur wünschen kann?

Voller Wehmut gedachte ich all der wunderbaren Nächte auf Sylvies Sofa, die wir mit schlechtem Rotwein und hämischem Gelächter auf Kosten der Männer verbracht hatten. Erinnerte mich an orgiastische Feste in Brittas WG und an die herrlich faulen Wochenenden mit «Lindenstraße» und Taco-Chips. Der ruinöse Spontan-Trip nach Paris und Ninas fiebrige Vorfreude, wenn sie mal wieder ein Date mit dem erotischsten Oberarm der westlichen Hemisphäre hatte. Dessen Besitzer sich selbstverständlich immer als Volltrottel entpuppte. Wenn sie Liebeskummer hatte, hielt ich Händchen und reichte Taschentücher, und natürlich waren wir uns in einer Hinsicht einig: im Vergleich zur Ehe wäre das ewige Fegefeuer ein durchaus amüsanter Zeitvertreib.

Und nun sollte plötzlich alles anders werden. Während ich von einer fragwürdigen Beziehung in die nächste stolperte und zwischendurch mein Single-Dasein zelebrierte, schwelgten meine einstigen Gesinnungsgenossinnen in großen Gefühlen. Ich stand allein da, und die Zukunft sah mehr als düster aus. Gemütliche Abendessen mit netten Pärchen («du, der Axel hat uns eine ganz leckere Pasta gekocht»), regelmäßige Urlaubsreisen an die Nordsee («wir haben da eine nette Pension in Föhr aufgetan – komm doch mal auf ein Wochenende hoch»), kurz: penetrante Zweisamkeit, so weit das Auge reichte.

In meiner Phantasie verwandelten sich meine Freundinnen, noch ehe die Ringe getauscht waren, in spießige Matronen, deren seliges Dauerlächeln eine Beleidigung für jede intelligente Lebensform auf diesem Planeten darstellte.

«Warum du?» fragte ich mit bebender Unterlippe, als schließlich sogar meine beste Freundin Anna das Jawort über ihre rotgeschminkten Lippen hauchte und ich dieses Schauspiel des Jammers auch noch als Trauzeugin begleiten mußte. Anna lächelte hintergründig und versenkte ein großes Messer in ihre jungfräuliche Hochzeitstorte. «Eine Frau muß tun, was eine Frau tun muß», sagte Anna, woraus ich schloß, daß der schleichende Schwachsinn bei ihr bereits eingesetzt hatte. Immerhin war sie aber im späteren Verlauf des Abends noch in der Lage, ihren Brautstrauß so zu werfen, daß er an meinen krampfhaft verschränkten Armen vorbei auf meine Füße fiel.

Ich bin nicht abergläubisch, wirklich nicht. Und die Behauptung, daß mein plötzlicher Gesinnungswandel auf ein gutgezieltes Bund welker Lilien zurückzuführen ist, weise ich bis heute entschieden von mir. Aber auf einmal verlor die Ehe in meinen Augen an Schrecken. Vielleicht war es der pure Neid, der mich angesichts des prallen Eheglücks in meiner Umgebung packte, das Gefühl, zurückgesetzt, alleingelassen und benachteiligt zu sein. Vielleicht lag es daran, daß meine Freundinnen allesamt entzückende Männer gekapert hatten, die ihre Gattinnen auf Händen trugen und deren Toleranz selbst den schlechtesten Seifenopern standhielt. Auch will ich nicht bestreiten, daß es ein durchaus beruhigendes Gefühl sein kann, wenn man in Zeiten wirtschaftlicher Flaute gemütlich im Hafen der Ehe schaukelt und ein doppeltes Einkommen auf den Kopf hauen kann. Auf jeden Fall begann mein bislang erbitterter Widerstand langsam zu bröckeln. Der Anblick von handgeschöpftem Büttenpapier mit Rosenornamenten löste in mir keine cholerischen Anfälle mehr aus. Die Brautkleider, die sich pünktlich zum Frühlingsbeginn in jeder Modezeitschrift breitmachten, verloren ihren Schrecken, und ja, ich gebe es zu: In einem schwachen Moment habe ich sogar mit einem weißen Laken vor dem Spiegel posiert. Die Farbe stand mir ganz ausgezeichnet.

Und dann lernte ich Patrick kennen. Wir trafen uns auf einer Party, es war schon spät, eigentlich wollte ich gerade nach Hause gehen. Ich drängelte mich leicht genervt durch die Küche, um mich von meiner Freundin Katja zu verabschieden. Da stand er. Nicht mehr ganz aufrecht, aber ziemlich umwerfend. Dunkle Haare, blaue Augen und ein Grinsen, das Dennis Quaid in «The Big Easy» so erfolgreich kopiert hat. Behauptet Patrick. Auf alle Fälle hat es seine Wirkung nicht verfehlt.

Tja, seither ist es um mich geschehen. Wir sind jetzt seit zwei Jahren zusammen, und leider hat er mich immer noch nicht gefragt. Jedenfalls nicht ernsthaft. Aber um es kurz zu machen: Ja, ich will! Lieber heute als morgen, lieber jetzt als nie, lieber ihn als irgend jemand sonst auf der Welt. Es gibt tausend gute Gründe zu heiraten, und sollte ich jemals etwas anderes behauptet haben, will ich auf der Stelle tot umfallen. Sylvie und Nina, Britta und Anna, sie alle hatten recht: Jede Frau muß einmal in ihrem Leben etwas so Überflüssiges, Leichtsinniges und hirnlos Romantisches tun.

Tatsächlich gibt es auf den ersten Blick keine vernünftige Rechtfertigung für eine Heirat. In Zeiten, in denen es gesellschaftlich gleichermaßen anerkannt ist, sein Leben mit einer Siamkatze zu teilen, in denen Frauen wirtschaftlich unabhängig sind und Männer zuweilen nur als anregendes Freizeitvergnügen taugen, ist die Ehe so entbehrlich wie das Häckeldeckchen unter dem Teeservice meiner Großtante. Und gerade deshalb erscheint sie mir plötzlich so erstrebenswert. Heiraten ist das Hohngelächter in die verkniffene Visage der Vernunft. Es ist der Glaube an Märchen und ein Triumph der Liebe.

Liebe ist zweifellos der beste und vor allem der unerläßliche Grund für eine Heirat. Es kann nur Liebe dahinterstecken, wenn eine moderne und halbwegs intelligente Frau von heute auf morgen ihre hehren Prinzipien vergißt und fortan jede bayerische Dorfkirche auf die Anzahl ihrer Sitzreihen überprüft. Bevor ich diesem verwegenen Grinsen begegnete, erschien mir die Ehe immer als eine Art lebenslängliche Geiselhaft: Kurz nicht aufgepaßt, und schon haben sie dich kassiert, die Kerkertür fällt scheppernd ins Schloß, raus kommst du nur, wenn du die Hälfte deiner Rentenansprüche abtrittst.

Wenn Liebe im Spiel ist, sieht die Sache ganz anders aus. Da wird aus lebenslänglich «bis daß der Tod uns scheidet», und allein die Formulierung treibt einem schon Tränen der Rührung in die Augen. Rentenanspruch, was ist das? Auf einer einsamen Insel Schafe züchten, über mir der Himmel und seine Augen so blau wie das Meer, mein Verstand geht baden und mein Steuerberater begeht Selbstmord.

Wahre Liebe braucht keine gesetzliche Legitimation? Stimmt. Doch allein die Genugtuung, seiner Familie nach Jahren wechselnder Lebensabschnittsgefährten endlich einen Mann ohne Verfallsdatum zu präsentieren, macht die Ehe zu einer lohnenden Einrichtung. «Kind, ist es dir denn ernst mit diesem jungen Mann?» fragt mein Vater. «Ja, Papi, wir wollen nächsten Sommer heiraten!» Wie von Zauberhand vollzieht sich da die Verwandlung von der ewig kleinen Tochter zur erwachsenen Frau. Als hätte man es mit dreißig Jahren noch nötig, seinen Eltern irgendwas zu beweisen. Hat man aber. Die Heirat verleiht den Beteiligten eine Ernsthaftigkeit, wie sie kein Studienabschluß oder Karrieresprung zustandebrächte. Was freilich alles nur eine Frage der Formulierung ist: «Mein Freund» klingt nach Pubertät und Schulbusgeplänkel, «mein Mann» klingt nach Familiengründung und Ewigkeit.

Weil aber bekanntlich jede dritte Ehe in Deutschland trotz bester Vorsätze geschieden wird, ist es reichlich naiv, diese Überlegung als gewichtiges Motiv ins Feld zu führen. Was soll's? Mit dem Entschluß zu heiraten hat man seine Vernunft offiziell über Bord geworfen und darf sich nunmehr kopflos der Romantik ergeben. Worum es jetzt geht, ist die Hochzeit selbst, die Hommage an große Gefühle, das Fest und die Freunde, der Tanz und die Musik, der eine Tag im Leben, den man niemals vergißt.

Ist es Zufall, daß meine Freundinnen größtenteils zu einem Zeitpunkt geheiratet haben, als sie ihr Alter nur noch auf wiederholte Anfrage preisgaben? Wohl kaum. Auch ich habe die Dreißig inzwischen überschritten, und ob ich das nun schön finde oder nicht – es hat Konsequenzen. Machen wir uns nichts vor: Mit Ende Zwanzig liegen die Meilensteine des menschlichen Daseins weitgehend hinter uns. Den ersten Liebeskummer hat man überlebt, die Führerscheinprüfung im zweiten Anlauf bestanden, man hat eine Rechtsschutzversicherung abgeschlossen, seine Wohnung eigenhändig tapeziert, und was nun? Der Mensch braucht Ziele, er braucht eine Aufgabe im Leben. Und was wäre da besser geeignet als ein rauschendes Fest, dessen Vorbereitung uns über Monate in Atem hält, ein Fest, das die ausschweifende Phantasie eines Federico Fellini und das strategische Geschick eines Franz Beckenbauer erfordert.

Wie soll er aussehen, der schönste Tag in meinem Leben? Opulent und einzigartig, soviel ist sicher. Das schlichte Gläschen Sekt mit frischfrisierten Trauzeugen darf Zweit- und Drittvermählungen vorbehalten bleiben. Meine Hochzeit ist eine Premiere, und das muß gefeiert werden. Mit Pauken und Tompeten, mit Glanz und Gloria, mit allem, was dazugehört, und davon zuviel.

Große Feste finden ja heutzutage kaum noch statt, auch das muß zu meiner Rechtfertigung einmal gesagt werden. Während in den Großfamilien vergangener Epochen jedes Jahr irgendeine Taufe oder Erstkommunion anstand, ja notfalls sogar die Beerdigung eines Urgroßonkels für einen festlichen Schmaus im Familienkreise herhalten durfte, feiert man mittlerweile höchstens mal einen runden Geburtstag, und den gibt's bekanntlich nur alle zehn Jahre. So gesehen ist es geradezu verwerflich, wenn man seine Beziehung als gemütliche Privatveranstaltung betrachtet, statt sie in gebührendem Rahmen und mit mindestens hundert Gästen zu legitimieren. Und egal, welche Hochzeitsvariante man wählt – ob Hippie-Style am Strand von Ko Samui oder Prunkhochzeit im Ballsaal des Baden-Badener Kurhotels –, dies ist die einmalige Chance, Kleinmädchenträume Wirklichkeit werden zu lassen.

So gesehen spricht alles dafür. Heiraten ist eine wunderbare Sache. Sie hat nur zwei kleine Haken: daß das Fest mit einer Menge Arbeit verbunden ist, die erfahrungsgemäß auf den Schultern der Braut lastet, und daß man hinterher verheiratet ist. Wobei letzteres mit Sicherheit das größere Problem darstellt.

«Geld allein macht nicht glücklich, aber es hilft!»

Woran man erkennt, ob er der Richtige ist

Zwölf Uhr Mitternacht. Mit hämischer Penetranz läutet die Kirchturmuhr gegenüber den neuen Tag ein, und kalter Angstschweiß kriecht über das fahle Antlitz der Braut. In zehn Stunden ist es soweit. Die Braut verspürt einen leichten Brechreiz, der sich nur mit Hilfe eines doppelten Whiskys bekämpfen läßt. Mit weichen Knien schleicht sie sich an dem vertrauten Schnarchen vorbei in die Küche, und weil sie in der Dunkelheit bloß eine alte Packung Pfefferminztee findet, braut sie sich ein staubiges Teechen und läßt ihr mattes Haupt auf den Ikea-Tisch sinken. «Bin ich eigentlich von allen guten Geistern verlassen?» denkt sie sich nun in aller Stille, und: «O Gott, hoffentlich ist das nicht der größte Fehler meines Lebens.» Vielleicht wird sie versuchen, sich die Haare zu raufen, was aber nicht funktioniert, weil sie die gestern abend eigenhändig auf rosa Papilloten gedreht hat, und so wird sie sich in stummer Verweiflung jener Frage hingeben, die ihr seit Stunden den Schlaf raubt: «Ist er der Richtige?»

Tja, liebe Braut, das hättest du dir besser mal früher überlegt. Seit drei Monaten sind die Hochzeitseinladungen raus, Onkel Richard aus Ohio ist bereits vor einer Woche angereist, und das Buffet, das in den Kühlkammern des Schloßhotels Seeblick seiner Bestimmung harrt, hat das Dreifache eines durchschnittlichen deutschen Nettoeinkommens gekostet. Jetzt ist es zu spät. Du wirst ihn wohl heiraten müssen, den Mann, der da in aller Seelenruhe im Schlafzimmer liegt und schnarcht.

Aber jetzt mal im Ernst: Die Frage, ob man den Richtigen an Land gezogen hat, ist natürlich von existentieller Bedeutung. Nichts ist gräßlicher, als die Vorstellung, daß sich der coole Typ mit dem umwerfenden Lächeln drei Monate nach vollzogener Trauung als kleinkarierter Spießer entpuppt, der abends vorm Fernseher seine Unterhosen bügelt und zum Frühstück am liebsten Butterbrot mit Schokostreuseln ißt. Für mich wäre das ein Scheidungsgrund, und deshalb bin ich heilfroh, daß mein Liebster ausschließlich zerknitterte Boxershorts trägt und vor zehn Uhr morgens keine feste Nahrung zu sich nehmen kann. Denn machen wir uns nichts vor: auch an diesen Dingen kann eine Beziehung scheitern, und wer erst nach der Hochzeit anfängt, auf solche vermeintlich unwichtigen Kleinigkeiten zu achten, ist selbst schuld. Natürlich gibt es keinen objektiven Kriterien-Katalog, mit dem man potentielle Kandidaten auf ihre Ehetauglichkeit überprüfen kann. Trotzdem lassen sich grobe Mißgriffe vermeiden, wenn man beizeiten die rosa Brille von der Nase schiebt und den künftigen Gatten mit all seinen Stärken und Schwächen ins Visier nimmt.

Am besten funktioniert das natürlich, wenn man ihn schon seit zwölf Jahren kennt, weil man mit seiner Schwester zur Schule gegangen ist. Mit siebzehn hat man auf der Handballer-Fete das erste Mal geknutscht, mit achtzehn folgt der gemeinsame Urlaub nach Sardinien, drei Jahre später die eigene Wohnung, und Weihnachten nächstes Jahr feiern die Eltern mal bei uns. Böse Überraschungen? Gibt es nach der Hochzeit garantiert nicht. Sie weiß, daß er eine Vorliebe für parfümiertes Klopapier hat, er findet ihr Faible für DJ Bobo niedlich, und alle sind glücklich. Leider ist diese Variante todsterbenslangweilig, zumindest was das Fest betrifft. Wenn man unter solchen Bedingungen heiratet, muß man sich wirklich nicht wundern, wenn die Hochzeit so aufregend wird wie ein Spieleabend im Seniorenheim.

Wahre Größe beweist, wer seine Hochzeit möglichst in den ersten zwei Jahren über die Bühne bringt. Nur solange die Endorphine noch munter fließen und sein purer Anblick genügt, um die Braut in Ekstase zu versetzen, wird so ein Fest ein voller Erfolg. Nach zehn Jahren eheähnlicher Beziehung am Tag der Hochzeit neben einem zerknautschten, bettwarmen Körper aufzuwachen, dem man statt Leidenschaft milde Toleranz entgegenbringt, finde ich alles andere als romantisch.

Bleibt die Angst, an den Falschen zu geraten. Und was tut eine Frau, wenn sie vor einer wichtigen Entscheidung steht? Richtig: Sie berät sich mit ihren Freundinnen. Fast alle Fragen, die die Menschheit bewegen, lassen sich bekanntlich mit einem zweistündigen Telefonat erschöpfend klären. Geht es allerdings darum, ob man nun heiraten soll oder nicht, könnte die Antwort von einem gewissen Eigennutz geprägt sein. «Klar mußt du ihn heiraten, er ist ein Supertyp», bedeutet in Wahrheit: «Warum soll ich die einzige sein, die eine miese Ehe führt?» Nun sind meine Freundinnen ja zum Glück alle hochzufrieden mit ihren Ehen, aber auch das schließt Fehlurteile nicht aus. Vielleicht wollen sie mich nur verheiraten, damit sie sich endlich für die häßlichen Küchengeräte rächen können, die ich ihnen zur Hochzeit geschenkt habe.

Fragen wir also unsere Mütter, auch wenn wir deren Antwort ohnehin schon kennen. «Kind, überleg es dir noch mal», flüstert es aus dem Telefonhörer, und wir würden verdammt gerne wissen, ob es dran liegt, daß er kein Akademiker ist oder weil er beim Eintopfessen letzte Woche geschlürft hat. Natürlich liegt es daran, daß für ihre Tochter kein Mann gut genug ist. Wenn überhaupt, läßt sie sich nur durch ein sechsstelliges Jahreseinkommen gewogen stimmen, das Kind soll schließlich gut versorgt sein.

Weil Mütter bekanntlich über eine gewisse Lebenserfahrung verfügen, möchte ich dieses Argument nicht gleich vom Tisch wischen. Klar kann man auch in einer Zweizimmerwohnung glücklich werden. Aber was, wenn mein Gatte mir an einem verregneten Sonntag mal wieder gehörig auf den Wecker geht und ich seinen Anblick für die nächsten fünf Stunden keinesfalls ertragen kann? Soll ich in die Duschkabine flüchten? In die Besenkammer? Eben! Wir brauchen eine große Wohnung, und die will bezahlt sein. Ich will keine Diskussionen, nur weil ich wahnsinnig gerne Parmaschinken esse (100 Gramm à 6,50 Mark) und er sich die dritte Shimano-Schaltung für sein beknacktes Rennrad anschaffen muß. Viele Auseinandersetzungen lassen sich durch ein flink gezücktes Portemonnaie vermeiden, und deshalb ist ein Mann mit Geld auf keinen Fall eine falsche Entscheidung.

Noch kann ich den Parmaschinken von meinem eigenen Gehalt finanzieren. Ich bin auch gerne bereit, die Hälfte der Miete zu zahlen, ehrlich. Aber irgendwann könnten entzückende kleine Kinder meine Erwerbsfähigkeit beeinträchtigen, und was dann? Man muß wirklich nicht besonders materialistisch sein, um die Vorzüge eines Gatten mit gesichertem Einkommen zu erkennen.

Sogar die Wissenschaft ist in diesem Fall auf unserer Seite. Der Evolutionspsychologe David Buss hat eine Untersuchung durchgeführt, bei der 10 000 Personen in 37 Ländern nach ihrer Partnerwahlstrategie befragt wurden. Danach suchen Frauen einen verläßlichen Partner mit Status, der sie bei der Aufzucht der Kinder nicht im Stich läßt. Männer hingegen suchen nach Frauen, die ihnen gesunde Kinder zur Welt bringen. Kein Problem, Jungs, das tun wir gerne. Aber dafür müßt ihr zahlen. Zumindest zeitweise.

Bei allen finanziellen Überlegungen wollen wir natürlich nicht, daß die lieben Kleinen mit abstehenden Ohren und Hakennase über den Parkettboden krabbeln, weil ihr Vater ein reicher, häßlicher Gnom ist. «Weißt du, Christine», sagte mein erster Freund Hanno, kurz nachdem wir uns kennengelernt hatten, «wenn wir mal ein Kind zusammen kriegen, wird es ein sommersprossiger Glatzkopf mit fettem Arsch.» Letzteres ging eindeutig auf mein Konto, und in diesem Moment wußte ich, daß ich Hanno niemals heiraten würde. Er hatte einfach recht. Obwohl ich ihn samt Sommersprossen und Geheimratsecken noch immer ausgesprochen sexy finde, wäre unsere Fortpflanzung rein genetisch gesehen ein Fiasko geworden.

Womit wir beim zweiten wichtigen Kriterium für die Wahl des richtigen Mannes wären: sein Aussehen. Unter Frauen herrscht da weitgehend Einigkeit – er muß kein zweiter Brad Pitt sein, damit unsere Hormone in Wallung kommen. Schöne Männer sind meistens eitel, außerdem sind sie schlechte Liebhaber. Normale Typen geben sich mehr Mühe und sind deshalb entschieden geeigneter für ein erfülltes Sexleben. Trotzdem sollte ein Mindestmaß an Attraktivität vorhanden sein, damit wir morgens beim Aufwachen keinen Schreck kriegen. Ob man ihn nun gutaussehend findet oder nicht, ist natürlich eine höchst subjektive Sache. Ich habe mir jedenfalls vorgenommen, einen Mann nur dann zu heiraten, wenn er über mindestens drei optische Merkmale verfügt, die ich bei meinen zukünftigen Kindern gerne sehen würde. Patrick bietet da einigen Anlaß zur Hoffnung: blaue Augen, sein umwerfendes Lächeln und einen Knackarsch, der sich hoffentlich gegen mein Erbmaterial durchsetzt.

Aber wir wollen nicht zu oberflächlich sein. Was zählt, sind die inneren Werte – fragt sich nur, ob seine auch zu meinen passen. Als erstes vergessen wir deshalb gleich mal die berühmte Formel: Gegensätze ziehen sich an. Sie stimmt nämlich nicht. In zahlreichen wissenschaftlichen Untersuchungen wurde belegt, daß Menschen, die einander ähneln, stabilere Ehen führen als Paare, die sehr unterschiedlich sind. Entscheidende Faktoren sind dabei die familiäre Herkunft, die physische Ähnlichkeit, die Intelligenz und Persönlichkeitsmerkmale wie Selbsteinschätzung und Auftreten. Nun will man natürlich den Mann seines Herzens nicht erst zum Intelligenztest schleifen, auf daß die Liebe lange währt.

Muß man auch gar nicht. Es genügt schon, wenn man ausgiebig an ihm schnüffelt. Biologen haben nämlich festgestellt, daß wir besonders gerne mögen, wen wir gut riechen können. Jeder Mensch besitzt nach Ansicht der Forscher eine ganz spezifische Duftnote, die uns signalisiert: «Dein und mein Immunsystem passen gut zusammen, spätere Heirat nicht ausgeschlossen!»

Schließlich und endlich kommt es bei der Wahl des richtigen Ehemannes aber vor allem auf die persönliche Zielsetzung an. Das haben mich meine Freundinnen gelehrt, die allesamt sehr sorgfältig gesucht haben, bevor sie ihrem favorisierten Kandidaten den Zuschlag erteilten.

Zum Beispiel Sylvie: Sylvie ist eine sehr selbstbewußte Frau, sieht umwerfend aus und ist eine klassische Blondine. Eigentlich ist sie brünett, und ebensogut könnte sie rote Haare haben oder schwarze, aber in ihrem tiefsten Herzen ist Sylvie so blond wie Marilyn Monroe. Sie haßt Steuererklärungen und ASU-Termine, hält Zündkerzen für einen neuartigen Christbaumschmuck und nutzt ihr handwerkliches Geschick bestenfalls zum Augenbrauenzupfen. Daß sie sich Stefan geangelt hat, war kein Zufall. Mit der Heirat hat er sich verpflichtet, fortan alle Widrigkeiten des Alltags von seiner Gattin fernzuhalten. Er kann eine Bohrmaschine bedienen, wirkt selbst beim Abflußreinigen sexy und zaubert bei Bedarf ein dreigängiges Menü aus einem leeren Kühlschrank. Sylvie nimmt diese Liebesbeweise huldvoll, aber ohne übertriebene Dankbarkeit entgegen. «Männer sind schließlich nicht zum Vergnügen auf der Welt», sagt sie. Zumindest nicht zu ihrem eigenen.

Auch Britta hat ein sicheres Händchen bewiesen. Sie

leidet seit Jahr und Tag an einem ausgeprägten Helfersyndrom, und so war die Begegnung mit Tim ein Geschenk des Himmels. Tim studiert im 15. Semester Amerikanistik und fährt nebenbei Taxi. Statt seine Frau regelmäßig mit kleinen Morgengaben zu erfreuen, präsentiert er ihr zum Frühstück unbezahlte Rechnungen. Sie tröstet ihn, wenn er Klausuren in den Sand setzt, finanziert mit ihrem Sekretärinnengehalt die gemeinsamen Kreta-Urlaube und verfüttert in ihrer Freizeit zentnerweise Spaghetti an seine verfressenen Kommilitonen. Überflüssig zu sagen, daß sie in Tim den Mann ihres Lebens gefunden hat.

Nina dagegen konnte wahre Hingabe immer nur dann entwickeln, wenn es darum ging, selbstbewußte Männer in liebeskranke Winseltüten zu verwandeln. Zu Single-Zeiten flirtete sie alles nieder, was nicht bei drei auf dem Baum war, und hätte problemlos eine Fünfzimmerwohnung mit den schriftlichen Ergüssen ihrer Anbeter tapezieren können. Daß sie Karsten heiratete, einen kreuzbraven Luft- und Raumfahrtingenieur, war ihre Rettung, denn Nina mußte allmählich um ihren guten Ruf bangen. «Dank der Heirat bin ich moralisch gesehen weg von der Straße», verkündet sie in regelmäßigen Abständen, und das habe sie nur ihrem heißgeliebten Karsten zu verdanken.

So was macht Mut, auch wenn mir die nötige Zielsetzung für die Ehe bislang fehlt. Momentan bin ich einfach nur verliebt. Und deshalb werde ich mir für die Nacht vor der Hochzeit schon mal einen kleinen Whiskyvorrat anlegen. Damit ich keinen Pfefferminztee trinken muß, wenn ich vor lauter Angst nicht einschlafen kann.

«Sag jetzt bitte nicht nein!»

Der Heiratsantrag

Er könnte einen hochkarätigen Verlobungsring in mein Cocktailglas schmuggeln, wie einst Boris Becker, als der seiner Babs in einem Restaurant das Jawort entlocken wollte. Er könnte mich in einer Vollmondnacht zum Mitternachtspicknick entführen oder mir auf der Gitarre ein schiefes Ständchen klimpern. Sollte ihn angesichts der Tragweite seiner Tat jede Phantasie verlassen, würde ich mich sogar damit begnügen, daß er mit rotem Kopf vor mir auf die Knie fällt und endlich den einen Satz sagt, auf den ich seit zwei Jahren vergeblich warte: «Willst du mich heiraten?»

Zugegeben, ich hätte die Sache längst selbst in die Hand nehmen können. Wie die meisten Männer ist auch der meine ausgesprochen feige, wenn es um wichtige Entscheidungen geht – um so bereitwilliger läßt er jedoch mit sich geschehen, was seinerseits keine Anstrengung erfordert. Ich müßte ihn einfach fragen, er würde ja sagen und sich sodann in sein Schicksal fügen.

Aber ich weigere mich. Heiratsanträge sind Männersache, da lasse ich nicht mit mir reden. Mir muß kein Mann die Tür aufhalten, und notfalls schaffe ich es auch ohne fremde Hilfe in meinen Mantel, aber wenn's um den Antrag geht, pfeife ich auf jede Emanzipation. Ich will gefragt werden. Wie er das macht, muß er sich gefälligst selbst überlegen.

Mit dieser Entscheidung ist natürlich ein gewisses Risiko verbunden. Denn der Traum vom romantischen Dinner, bei dem er uns zum Dessert einen Brilli an den Ringfinger steckt, geht leider nicht immer in Erfüllung, im Gegenteil: Sobald ein Mann die Initiative übernimmt, muß man mit dem Schlimmsten rechnen, deshalb sollten wir gewappnet sein. Zu diesem Zweck werfen wir nun einen Blick auf die verschiedenen Typen von Antragstellern und überlegen uns, wie wir mit Stil auf mißlungene Anfragen reagieren.

Der Finanzstratege kommt an einem regnerischen Sonntagabend im November aus seinem Arbeitszimmer zu ihr in die Küche und murmelt: «Ich hab das jetzt mal durchgerechnet, Schatz!» Noch ehe sie begreift, worum es geht, hat er Rotstift und Taschenrechner neben den Hähnchenschenkeln deponiert und verkündet, daß eine Eheschließung «jede Menge Patte brächte» und allein fürs laufende Jahr Kohle im Werte «eines Kleinwagens zurückkäme, wenn wir die Sache schnell über die Bühne bringen». Das entsetzte Schweigen seiner Lebensgefährtin wertet er als Zustimmung, und nach dem Motto «Laß Zahlen sprechen» erklärt er nun mit wichtiger Miene, daß sich unter Umständen sogar die Investition für Ringe, Fest und Blumenschmuck als Werbungskosten verbuchen ließen. Außerdem seien die meisten Freunde Ende Dezember im Skiurlaub, «kleiner Kreis, das drückt die Kosten».

Bei aller Liebe – einem solchen Mann muß mit äußerster Härte begegnet werden. Die beste Strategie: Sofortiger Sexentzug. Verweigern Sie sich jedem Annäherungsversuch und flechten Sie dabei fiskalische Vokabeln ein. «Der Härteausgleich fällt heute aus, Schatz», oder: «Die Antragsfrist für intime Nebentätigkeiten ist soeben abgelaufen.» Irgendwann wird er kapieren, worauf Sie hinauswollen, und beim nächsten Mal garantiert die nötige Inbrunst entwickeln.

Das Nervenbündel kann es auch nach zweijähriger Beziehung noch nicht fassen, daß er eine derartig tolle Frau abgekriegt hat. Damit sie es sich nicht noch im letzten Moment anders überlegt, möchte er bei der entscheidenden Frage alles richtig machen. Wochenlang grübelt er deshalb über mögliche Formulierungen und kann sich für keine entscheiden. «Willst du meine Frau werden?» klingt zu besitzergreifend, «Ich möchte um deine Hand anhalten» zu bescheiden, denn schließlich will er ja die ganze Frau. Irgendwann wirft er seine Ängste kühn über Bord und schreitet einfach zur Tat, wozu er allerdings mehrere Anläufe benötigt. Beim ersten Mal platzt ihm, als er niederkniet, die Hosennaht, beim zweiten Mal vergißt er vor lauter Aufregung, was er eigentlich fragen wollte, beim dritten Mal schafft er es endlich und sagt: «Willst du mit mir den Lund fürs Beben schießen?»

Sagen Sie einfach ja. Das erspart Ihnen weitere Peinlichkeiten, und wenn Sie erst mal verheiratet sind, können Sie ihn ja zu einem guten Logopäden schicken.

Der Traditionalist. Formell gibt es gegen seinen Antrag keinerlei Einwände. Selbstverständlich wird der Traditionalist seine Freundin aus gegebenem Anlaß zum Essen einladen, Champagner bestellen und eine dunkelblaue Samtschatulle aus seinem «Boss»-Jackett fischen. Verkündet er allerdings, am nächsten Wochenende Ihre Eltern aufsuchen zu wollen, müssen Sie mit dem Schlimmsten rechnen: Nach einer wohlerzogenen Begrüßung wird der Traditionalist fragen, ob die Damen nicht «ein wenig im Garten lustwandeln wollen». Bereits zu diesem Zeitpunkt wird die Brautmutter unter hysterischem Gekicher ihre beste Freundin anrufen, während der Brautvater sich widerstrebend «auf einen Cognac» ins Wohnzimmer zerren läßt. Sobald der Traditionalist dort seine Vermögensverhältnisse offengelegt und das väterliche Einverständnis erhalten hat, wird er seine Schwiegermutter hinzurufen und sie mit einem gerührten «Frau Mama» in die Arme schließen.

Dieses Horrorszenario läßt sich nur vermeiden, wenn Sie rechtzeitig eine kleine Notlüge auftischen. Erzählen Sie, es habe schon mal ein Freund bei Ihrem Papa um Ihre Hand angehalten. Der habe daraufhin «Hast du sie etwa angerührt, du Vieh?» gebrüllt und den armen Jungen krankenhausreif geschlagen. Anschließend lächeln Sie entwaffnend und flöten: «Paps ist eben ein bißchen altmodisch, wenn es um seine Töchter geht.» Jeder halbwegs intelligente Mann wird nach dieser Anekdote von weiteren Formalitäten absehen.

Der Exhibitionist besteht darauf, daß alle Welt an seinem Glück teilhat. Der Heiratsantrag ist für ihn deshalb keine

Privatangelegenheit, sondern ein öffentliches Ereignis. Daß es sich bei ihrem Freund um einen Exhibitionisten handelt, merkt eine wachsame Frau meist schon vor dem eigentlichen Antrag. Spätestens, wenn sie morgens beim Frühstück die Zeitung aufschlägt und unter der Rubrik «Grüße und Gratulationen» eine herzförmige Annonce mit dem Wortlaut «Schnabelmäuschen, ich liebe Dich, Dein Ratzebär» findet, sollte der Ratzebär schnellstens zur Raison gebracht werden. Meistens nutzt es nichts. Anläßlich des Antrags wird er eine Plakatwand anmieten, sie mit getrockneten Rosen bekleben und in dicken roten Lettern um Ihre Hand anhalten. Haben Sie ein Einsehen. Bevor er sich vor lauter Verzweiflung beim Bundesligaspiel Dortmund gegen Bayern München vor die «ran»-Kamera wirft und das Schnabelmäuschen zum Gespött des gesamten deutschen Fernsehpublikums macht, sollten Sie ihn mit einem beherzten «Ja, ich will» aus dem Verkehr ziehen. Was die Bewerbung für Linda de Mols «Traumhochzeit» betrifft – weigern Sie sich einfach zu unterschreiben.

Das Muttersöhnchen. Für seine Mutter ist die Sache längst klar: Sie kann kochen, sie kann saubermachen, sie kann arbeiten – genau die richtige Frau für ihren Günther. Leider hat Günther noch nichts im Leben ohne Muttis Hilfe zustande gebracht, und deshalb wäre er wahnsinnig froh, wenn sie die Sache mit dem Antrag für ihn übernehmen könnte. Also lädt sie ihre zukünftige Schwiegertochter kurz entschlossen für Sonntag zum Kaffeetrinken ein. Das Wesentliche ist schnell besprochen: Günther ißt am liebsten Kalbsgeschnetzeltes, er schläft bei gekipptem Fenster, und wegen seiner Hausstauballergie muß mindestens dreimal die Woche gewischt werden. Im Gegenzug erhält Günthers Zukünftige einen Rubinring aus Schwiegermutters Schmuckschatulle und eine Option auf das Silberbesteck «nach der Hochzeit, versteht sich». Das ist Günthers Stichwort: «Mutti will wissen, ob du mich heiraten möchtest», sagt er mit hochrotem Kopf und stopft sich nervös ein Stück Käsesahne in den Mund.

Keine Angst, Sie müssen Ihren Kaffee nicht austrinken. Verlassen Sie den Mann. Umgehend. Montag verscherbeln Sie den Rubinring beim Pfandleiher und laden Ihre beste Freundin zum Essen ein. Sie haben allen Grund zum Feiern. Prost!

Der Angeber weiß genau, «wie die Weiber ticken». Alles im Leben ist käuflich, warum sollten Frauen da eine Ausnahme bilden. Also läßt er sich den Spaß was kosten, «ist doch schließlich eine Klassefrau, da muß man klotzen, nicht kleckern». Am liebsten würde er sich einen Kopfputz aus Frischgeld aufsetzen, aber weil er inzwischen begriffen hat, daß Kaufkraft nur gepaart mit einem Minimum an Stil zum Ziel führt, geht er mit seiner Traumfrau am Tag vor dem Antrag in eine Kunstausstellung. Was für ein Zufall, daß am nächsten Abend im teuersten Restaurant der Stadt just ihr Lieblingsbild über dem Tisch hängt: «Das Gepinsel kannst du übrigens mitnehmen», sagt er in lässigem Tonfall, wenn sie nach dem Essen in ihren Mantel schlüpft, «es gehört dir.»

So was kann schon Eindruck machen, keine Frage. Doch wer sich in so einen Finanzphalliker verliebt hat, sollte sicher sein, daß er wirklich reich ist. Wenn nicht, muß dem Mann schnellstens Einhalt geboten werden. Sonst wird er noch vor der Hochzeit sämtliche Besitztümer der zukünftigen Eheleute beim Antrag verprassen (vorzeitiger Vermögenserguß!), und dann ist Sense mit dem süßen Leben.

Erinnern Sie ihn also rechtzeitig daran, daß es auch verdammt romantisch sein kann, mit einem Mietkanu im Spätsommer über ein kleines Flüßchen zu paddeln. Dort könne er dann gebührenfrei auf balzende Reiher deuten und mit brechender Stimme raunen, daß er ähnliches plane. Und wenn ihm dann – herrje – doch noch ein Brilli aus der Tasche purzelt: Dann eben her damit!

Der Zauderer hat zwar die Dreißig längst überschritten, ist aber nach eigener Einschätzung noch viel zu unreif, um sich für immer an eine Frau zu binden. «Heiraten zerstört die Liebe», verkündet er im Brustton der Überzeugung, und: «Die Freiheit ist das höchste menschliche Gut.» Seine Freundin hat das längst akzeptiert, trotzdem fängt er immer wieder von dem Thema an. Und wenn es nur darum geht, noch einmal alle Gründe, die dagegen sprechen, zusammenzufassen. Die Vermutung liegt also nahe: Irgendwie will er schon, aber er kann es sich nicht eingestehen. Als Antithese schwebt der Heiratsantrag über Jahre hinweg wie ein Gespenst diffus und konturenlos im Raum. Man kann ihn ahnen, aus zahllosen Deklamationen und Polemiken mit psychoanalytischem Geschick herausinterpretieren *(Patient verdrängt Wünsche durch Aggression)*, aber etwas Konkretes hört man nie.

Machen Sie dem Spuk ein Ende, indem Sie ihm einfach recht geben. Wenn er Sätze wie «Hast recht, heiraten ist total überflüssig» oder «Wer sich ein Leben lang binden will, hat doch einen Hackenschuß» oft genug gehört hat, wird er schon aus Prinzip die Gegenposition einnehmen. «Man muß auch mal ins kalte Wasser springen», wird er irgendwann wutschnaubend verkünden. Na, dann mal los!

«Die letzten Tage in Freiheit»

Der Last-Minute-Seitensprung

Glotz nicht so», sagt Steffi streng und stiert dem hübschen Barkeeper hinterher, der soeben die zweite Runde Gin Tonic vor uns auf der Theke plaziert hat. Sehr witzig. Wer flirtet denn seit einer geschlagenen Stunde mit diesem armen unschuldigen jungen Mann, der nichts als seine Arbeit tun will und ständig über die verführerischen Blicke meiner schönen Schwester stolpert? «Ich bin Single, ich darf das!» sagt Steffi würdevoll und schenkt dem Barkeeper ein bezauberndes Lächeln. Und was ist mit mir? Soll ich für den Rest des Abends die Kohlensäure aus meinem Longdrink rühren, während um mich herum das pralle Leben tobt? «Du hast doch Patrick!» sagt Steffi nun ehrlich empört. «Ich dachte, ihr wollt heiraten.» Stimmt. Aber erstens warte ich noch immer vergeblich auf einen Antrag, und zweitens bedeutet das noch lange nicht, daß ich bis zum Tag der Trauung vor jedem geschlechtsreifen Mann im Umkreis von hundert Metern sittsam die Augendeckel senke.

Um ehrlich zu sein, hat meine Flirtbereitschaft in letzter Zeit eher zugenommen. Nicht, daß ich im klassischen Sinn untreu wäre. Aber seit ich weiß, daß ich Patrick heiraten will, lasse ich mich gutgelaunt von wildfremden

Männern auf der Straße anbalzen und trage mich dabei mit unkeuschen Gedanken.

«Kein Grund zur Panik», beruhigte mich Anna, als ich schuldbewußt von meinen mentalen Ausschweifungen erzählte. «Wenn du dich recht erinnerst, haben wir das alle durchgemacht.» Wohl wahr. Die letzen zwei Monate vor der Hochzeit war Anna so ziemlich jeden Abend unterwegs, und Jan war nur äußerst selten mit von der Partie. Statt dessen umgab sie sich mit gutaussehenden Kollegen und einer Heerschar liebeskranker Kellner. Ich fand das nicht weiter verwunderlich, Anna sah damals umwerfend aus und schüttete kübelweise Charme über ihre wechselnden Verehrer. «Ich war so glücklich, verstehst du. Jans Antrag hat mich völlig euphorisiert, und wenn man verliebt ist, hat man einfach eine andere Ausstrahlung!»

Da ist was dran. Jeder kennt doch dieses Phänomen: Kaum hat man sich verknallt und eigentlich kein gesteigertes Interesse an anderen Männern, rennen einem die Typen die Bude ein. Das muß nicht gleich mit einem Seitensprung enden. Aber es kann. Weil Untreue nicht immer aus einem Mangel entsteht, sondern auch aus Überfluß. Einem Überfluß an Glück und Lebensfreude, den man nicht nur mit seinem Liebsten teilt, sondern der sich über die gesamte Menschheit ergießt. Gelegentlich landet man dann vor lauter Euphorie in einem fremden Schlafzimmer.

Kurz vor der Hochzeit ist so was natürlich mit massiven Schuldgefühlen verbunden. In drei Wochen will man vor Gott und der Welt ewige Treue schwören und ertappt sich beim Ehebruch, noch ehe man verheiratet ist!

Ich kenne verdammt viele Frauen, denen so was passiert ist, und irgendwie kann das ja kein Zufall sein.

In den meisten Fällen steckt wohl Panik dahinter, wenn ausgerechnet vor der Hochzeit die Bereitschaft zu amourösen Abenteuern wächst. Wenn es ernst wird, gehen viele Menschen instinktiv erst mal auf Distanz. Plötzlich fürchtet man den Verlust seiner Freiheit und hat Angst vor der veränderten Lebensform, die eine Ehe zwangsläufig mit sich bringt. Kann ich soviel Nähe ertragen? Werde ich in Bälde meinen schwangeren Bauch allabendlich über die Küchenspüle hängen, während er sich auf freier Wildbahn amüsiert? «Ich will auch!» schreit da ein trotziges Stimmchen aus den Tiefen des Unterbewußtseins, «ich will mich amüsieren, und wenn's das letzte Mal ist!» Meist genügt ein einmaliger Ausrutscher mit einem mittelmäßigen Liebhaber, um Abstand zu gewinnen und letzte Zweifel zu besiegen. Mit einer Mischung aus Erleichterung und Zerknirschtheit sinkt man dann in die Arme seines Auserwählten zurück und breitet das Mäntelchen des Schweigens über all seine Sünden.

Gerade wer seinen zukünftigen Gatten über alles liebt und die Sache mit dem Treuegelübde ernst nimmt, kann den Verlockungen eines Last-Minute-Seitensprungs leicht erliegen. Meine Freundin Britta war sich absolut sicher, daß Tim der Mann ihres Lebens sei, und während wir anderen uns munter von einem Bett ins nächste wälzten, betrog sie ihn in drei Jahren vorehelicher Beziehung nur ein einziges Mal. Das war genau vier Monate vor der Hochzeit, und überraschenderweise hielt sich ihre Reue in Grenzen: «Weißt du, Christine, bevor ich

Tim kennengelernt habe, war ich gerade mal mit drei Männern im Bett. Irgendwie hatte ich das Gefühl, was verpaßt zu haben.» Seit dem Business-Trip nach London und dem damit verbundenen One-Night-Stand mit einem Nachtclubbesitzer ist sie sich ihrer Sache sicher: Tim ist ein großartiger Liebhaber, und diesem Mann treu zu sein, ist keine Pflicht, sondern pures Vergnügen!

Nicht immer nehmen Last-Minute-Affären ein glückliches Ende. Zumindest nicht für den zukünftigen Ehemann. Der von Michaela, einer alten Schulfreundin von mir, rang sich erst nach acht Jahren zu einem Antrag durch. Zu diesem Zeitpunkt hatten die beiden längst eine gemeinsame Wohnung, und irgendwie hatte ich immer den Eindruck, sie seien nur noch aus Gewohnheit zusammen. Michaela ging es wohl ähnlich, denn während sich Sven um die Hochzeitsvorbereitungen kümmerte, durchstöberte sie ihr Adreßbuch nach früheren Anbetern. Mit Erfolg: Kurz vor der Hochzeit traf sie einen ehemaligen Kommilitonen wieder, und zwei Wochen später saß Sven nachts um eins heulend und zähneklappernd auf meiner Wohnzimmercouch. Michaela hatte die Hochzeit abgeblasen und war erst mal mit ihrem neuen Lover nach Gran Canaria geflüchtet. Für mich war der Fall klar: Michaela befand sich schon seit längerer Zeit auf dem Absprung, und als es ernst wurde, bekam sie Torschlußpanik. Die Affäre mit ihrem Kommilitonen, mit dem sie natürlich längst nicht mehr zusammen ist, war ihre letzte Chance, einer Ehe zu entgehen, auf die sie gar keine Lust hatte.

Und was lernen wir daraus? Daß ein Seitensprung kurz vor der Hochzeit durchaus sein Gutes hat. Im schlimmsten Fall rettet er uns vor einem verhängnisvollen Fehler. Doch auch wenn die Sache glimpflich ausgeht und wir reumütig in die Arme unseres Liebsten zurückkehren, hat sich der Ausrutscher meistens gelohnt. Weil er uns zwingt, uns frühzeitig mit dem Thema Treue auseinanderzusetzen.

Werde ich Patrick ewig treu sein? Um ehrlich zu sein, ich weiß es nicht. Natürlich ist gegenseitiges Vertrauen unerläßlich für eine Beziehung, und ich kann einem Menschen nur vertrauen, wenn ich weiß, daß er zu mir steht. Treue bedeutet Loyalität, sie gibt mir das Gefühl: Ich bin wichtig genug, daß der andere für mich da ist, mich nicht hintergeht, zu mir steht. Aber leider funktioniert das nicht immer. Denn auch wenn wir den anderen noch so sehr lieben, sind wir nicht nur Teil einer Partnerschaft, sondern eigenständige Menschen.

Es gibt Situationen, Begegnungen, die kann und will ich nie im Leben missen: Plötzlich taucht bei einem Essen mit Freunden dieser Mann auf. Wir lächeln uns an, reden, saugen uns mit Blicken auf, und da ist mehr. Zumindest an diesem einen Abend. Es ist die Musik, der Wein und das Lachen, diese atemberaubende Atmosphäre, und dann? Vielleicht werde ich meinen Mann dann betrügen. Bei einem Seitensprung, so verwerflich er auch sein mag, fühlen wir uns so wunderbar lebendig. Plötzlich steigt diese Lust in uns hoch. Lust auf Glück, auf Sex, auf Leben. Lust ist spontan, anarchisch, das große Abenteuer. Was wäre das Leben ohne Abenteuer?

Lebenslange Treue. Welch schöner Vorsatz! Aber lebenslang bedeutet heutzutage dreißig, vierzig, fünfzig Jahre immer mit dem gleichen Mann im Bett zu liegen.

Ich finde, das ist ganz schön viel verlangt. Zumal Treue nicht immer edel sein muß und Untreue nicht immer schlecht. Wenn ich mir alles versagen muß, nur um tugendhaft zu sein, werde ich meinem Partner das irgendwann zum Vorwurf machen. Und das wäre schließlich auch nicht nett. Also nehme ich das Leben, wie es kommt, und wenn es mir dereinst ein wenig Abwechslung in den Alltag streut, werde ich mich wohl fügen.

Und was, wenn mich dieses Schicksal schon vor der Hochzeit ereilt? Dann lehrt mich das zumindest Toleranz. Mein Freund läuft auch nicht gerade mit Scheuklappen durchs Leben, und wenn er eine hübsche Frau sieht, bemerke ich dieses hormonelle Glitzern in seinen Augen sehr wohl. Falls er während unserer Ehe kurzzeitig auf Abwege geraten sollte, kann ich zumindest ein Minimum an Verständnis dafür entwickeln.

Zugegeben, das alles ist ein schwacher Trost, wenn man sich gerade wie ein Riesenschwein fühlt, weil man den Mann seines Lebens vor achtundvierzig Stunden mit einem Staubsaugervertreter betrogen hat. Die wichtigste Frage zu diesem Zeitpunkt gilt deshalb der Schadensbegrenzung. Sie lautet: Wie verhalte ich mich jetzt, und wie gehe ich mit diesen kneifenden Schuldgefühlen um?

Das Gebot Nummer eins: Klappe halten. Unter gar keinen Umständen darf der Last-Minute-Seitensprung gebeichtet werden, es sei denn, Sie wachen neben Antonio Banderas auf, und der hat Ihnen soeben seine Liebe gestanden. In diesem Fall sollten Sie Ihrem Verlobten einen freundlichen Gruß hinterlassen und Ihren Wohnsitz umgehend nach Hollywood verlegen.

Falls die Affäre keine nennenswerten Spuren in Ihrem

Herzen hinterläßt, wird sie verschwiegen, und zwar konsequent. Auch, wenn Sie mit Ihrem Partner eine Abmachung haben, wonach jeder Fehltritt gebeichtet wird («Du, wenn's passiert, hab ich da kein Problem mit, ich finde, wir sollten einfach offen miteinander sein ...») – vergessen Sie's! Zum einen könnte das Ihre Hochzeitsvorbereitungen abrupt beenden, und selbst wenn das nicht eintritt, ist es zumindest verdammt schofel, seinen Partner erst zu hintergehen, um sich dann Absolution von ihm erteilen zu lassen.

Zum Zwecke der Geheimhaltung sollte Ihr Seitensprung unter Ausschluß der Öffentlichkeit stattfinden. Wenn Sie jede, aber auch wirklich jede Ihrer Freundinnen an Ihrer kleinen Sünde teilhaben lassen, wird es auch Ihr Partner irgendwann mitkriegen. Deshalb sollten Sie der Versuchung nicht gerade in der Stammkneipe Ihrer Clique erliegen und außer Ihrer allerengsten Vertrauten niemanden einweihen. Der Mitteilungsdrang, den man nach so einem Erlebnis verspürt, läßt sich bekanntlich nur schwer unterdrücken. Aber wozu hat man denn eine beste Freundin? Besprechen Sie Ihren Seitensprung, bis Ihnen beiden das Thema zu den Ohren raushängt und sämtliche Schuldgefühle in Rotwein ertränkt sind.

Des weiteren empfiehlt es sich – nicht nur bei einem vorehelichen Seitensprung –, auf die Verhütung zu achten. Gegebenenfalls muß sogar die Pille danach zum Einsatz kommen. Bei einem Blutgruppen-Test in einem amerikanischen Krankenhaus stellten Ärzte schon vor 50 Jahren fest, daß jedes zehnte Kind nicht vom Ehemann der Mutter stammen konnte. Keine sonderlich schöne Vorstellung, wenn man mit dickem Bauch vor den Traualtar tritt, und der glückselige Blick des Gatten auf dem Nachwuchs des Tennislehrers ruht.

Aber gehen wir mal davon aus, daß der Seitensprung keine sichtbaren Folgen hat und sich die Mitwisserschaft auf Ihre beste Freundin beschränkt. Dann dürfen Sie Ihren Zukünftigen nun ungehemmt mit Liebesbeweisen und Zärtlichkeiten überschütten. Daß Ihre geballte Zuwendung akuten Schuldgefühlen entspringt, wissen Sie. Er hält es für die ganz normale Euphorie im Vorfeld der Hochzeit. Und irgendwie stimmt das ja auch: Alles ist gutgegangen, kein anderer Mann konnte Ihre Liebe zerstören, und Sie sind da, wo sie hingehören.

Der Rest ist eine Frage des Anstands. Auch wenn Sie Ihre Last-Minute-Affäre ausgesprochen nett finden – laden Sie den Typ nicht zu Ihrer Hochzeit ein. Es sei denn, er ist der Trauzeuge Ihres Mannes. Da kann man dann wohl nichts machen.

«Alles Müller, oder was?»

Das Recht auf den eigenen Nachnamen

Wenn Patrick adelig wäre, würde ich es tun. Das spricht nicht gerade für mich, ich weiß, aber die Verlockung wäre einfach zu groß: Eine Unterschrift, und schon würde ich in Sekundenschnelle in gesellschaftliche Höhen katapultiert, die mir als stinknormaler bürgerlicher Großstadtpflanze lebenslang verschlossen blieben. Wenn Patrick adelig wäre, würde ich gleich nach der Hochzeit die «Bunte» abonnieren: «Auf dem Polo-Turnier in Hamburg-Flottbek sorgte Society-Lady Christine Désirée Finck von Finckenstein in einem burgunderfarbenen Chanel-Kostüm für Aufsehen», würde da stehen, oder: «Der Wohltätigkeitsball von Gräfin Christine Désirée von Strachwitz brachte Spenden in Millionenhöhe.» Wäre das nicht bezaubernd? Nicht nur käme mein exklusiver Zweitname endlich zur Geltung, sondern die ganze Nation würde erfahren, daß ich a) ein großes Herz habe und b) in Chanel einfach umwerfend aussehe.

Selbst wenn Patrick nur ein schlapper Freiherr wäre, ohne Geld und gesellschaftliche Ambitionen: Mit einem kleinen «von» vor dem Namen würde ich von meiner

Sachbearbeiterin beim Finanzamt mit der nötigen Ehrerbietung zu Nachzahlungen aufgefordert und vom Chefarzt persönlich mit Spritzen traktiert.

Genug geträumt! Patrick ist nicht adelig, und obwohl er steif und fest behauptet, daß in seinem Stammbaum vor zweihundert Jahren ein Junker Stiegenfeld sein Unwesen trieb, reicht das für einen Namenswechsel einfach nicht aus. Im Grunde bin ich ja froh drum. Ich habe nämlich gar keine Lust, meinen Namen aufzugeben.

Hohwieler. Eigentlich ein komischer Name. Er gibt keine Auskunft über den Beruf meiner Vorfahren, wie Müller oder Schuster, und verrät auch nichts über deren Charakter, wie das beispielsweise bei Herrn Lustig oder Frau Grimm der Fall ist. Mein Name ist lang und umständlich, am Telefon oder bei Behördengängen muß ich ihn immer buchstabieren, und hinterher steht trotzdem «Hofila» auf dem Formular. Trotzdem mag ich meinen Namen.

Mein Name ist ein Zauberwort. Jedenfalls schien es mir so, als ich im Alter von vier Jahren in einem Kaufhaus meine Mutter aus den Augen verlor. Eine Verkäuferin las mich auf, kurz darauf tönte mein Name über Lautsprecher durch die Kurzwarenabteilung. Plötzlich war meine Mutter wieder da und schloß mich in die Arme. Magie!

Mein Name ist Identität. Er verbindet mich mit einer Familie, die ich über alles liebe. Er ist das Erbe meines Vaters und das ewige Bündnis mit meiner Schwester. «Die Hohwieler-Sisters!» – entnervtes Augenrollen, bewundernde Blicke, der Horror aller Mathelehrer. Ein Markenartikel.

Mein Name war das erste, was ich als Schulkind schreiben konnte, schräg und schepp, aber mein. Mit ihm hab ich Schönschrift geübt, tausendmal auf Karopapier, mal schlicht, mal verschnörkelt, in wilden Bögen – meine Unterschrift. Mein Name schallte durch stickige Klassenzimmer («Hohwieler, setzen, sechs!»), und wenn ich verknallt war, hab ich in der Biostunde kleine Buchstabenspiele mit ihm gemacht (wie viele Buchstaben seines Namens sind mit meinem identisch? Die Quersumme ergibt die Anzahl der Küsse – oder so ähnlich).

Neun Buchstaben, mehr nicht. Und trotzdem mein ganzer Stolz, als sie auf meinem Abi-Zeugnis, meinem Uni-Diplom und später unter meinem ersten selbstverfaßten Artikel standen. Sie sind der Beweis dafür, daß es mich gibt. In Telefonbüchern, Finanzämtern und Einwohnermeldebehörden. «Wie war doch gleich Ihr Name?» – «Mein Name ist Hohwieler. Christine Hohwieler.»

Und wenn ich jetzt meinen Namen ändern würde? Nicht auszudenken, was das für Folgen hätte. Ich müßte auf all diese Behörden rennen, unendlich viele Formulare ausfüllen, ich müßte eine neue Unterschrift üben und würde mich am Telefon ständig verhaspeln: «Hohwiefeld, äh, Hohwieler, nein, Stiegenfeld!» Mal ganz abgesehen davon, daß ich in einer tiefen Identitätskrise versinken und den Rest meines Lebens im Zustand latenter Schizophrenie verbringen würde.

Eigentlich ist es doch eine Riesenschweinerei, daß Frauen über Jahrhunderte hinweg ihrer Identität beraubt wurden, nur weil sie geheiratet hatten. Mit der Hochzeit gingen sie in den Besitz ihres Gatten über, und ihr Mädchenname erschien bestenfalls auf einem blankpolierten Grabstein, wenn sie dereinst das Zeitliche segneten. Ich frage mich, warum dieser Vorgang bei keiner Trauungszeremonie erwähnt wurde. So nach dem Motto: «Nimm diesen Ring als Zeichen meiner Treue – nimm diesen Namen als Zeichen deiner Unterwerfung.»

Vor einigen Jahren hatte der Gesetzgeber glücklicherweise ein Einsehen. 1991 erklärte das Bundesverfassungsgericht die Pflicht zum gemeinsamen Familiennamen für verfassungswidrig, und seit 1994 darf jeder seinen eigenen Namen behalten. Vorbei die Zeiten, als Frauen ihren Namen nur per Bindestrich vor dem Untergang retten konnten (an dieser Stelle wollen wir eine kurze Gedenkminute für Frau Leutheuser-Schnarrenberger einlegen) und im schlimmsten Fall gar mit gräßlichen Dreierkombinationen gestraft waren (wenn nämlich der Gatte – wie im Fall der FDP-Politikerin Margret Funke-Schmitt-Rink – einen Doppelnamen mit in die Ehe brachte).

Endlich dürfen wir mit unserem Namen machen, was wir wollen. Wir dürfen ihn behalten oder aufgeben, wir dürfen ihn dem unseres Gatten voranstellen oder anhängen. Oder ihn gar zum Familiennamen erklären und an unsere Kinder weitergeben. Die Frage ist nur: Warum machen so wenige Frauen Gebrauch von diesem Recht? In 95 Prozent der Fälle wird nämlich auf deutschen Standesämtern nach wie vor der Name des Mannes zum Familiennamen erklärt.

Aus Sicht der Männer ist das verständlich. Mit dem männlichen Selbstbewußtsein ist es bekanntlich nicht mehr weit her, seit die Frauen in sämtlichen Männerdomänen mitmischen und die Herren gar auf die hinteren Ränge verbannen. Was bleibt dem Manne da als letzte Bastion seines Größenwahns? Richtig: sein klangvoller Name, ein Plätzchen im Familien-Stammbaum, einziges Zeugnis seiner Existenz, wenn er im Leben sonst nichts auf die Beine stellen konnte.

Eine frühere Kollegin war mit einem wunderbar klangvollen Namen gesegnet: Laura Santini. Den hatte sie, ebenso wie ihre schulterlangen dunklen Locken, ihrem italienischen Großvater zu verdanken. Mit so einem Namen kann man problemlos die Welt aus den Angeln heben und jeden Mann in den Wahnsinn treiben. Was Laura auch tat, bis sie Egon begegnete. Egon hieß mit Nachnamen Schulze, und aus unerfindlichen Gründen war Laura ihm nach kürzester Zeit verfallen. Nicht nur ließ sie sich überreden, ihren wunderschönen Namen durch Schulze zu ersetzen, sie war sogar willens, ihren erstgeborenen Sohn Egon junior zu nennen, ganz im Sinne der Schulzeschen Familientradition. «Egon hätte mich sonst verlassen», erklärte sie mit traurigem Lächeln. Mein Mitleid hielt sich in Grenzen: Jeder kriegt, was er verdient.

Die Bereitschaft, mit der die meisten Frauen ihren Familiennamen zu den Akten legen, läßt sich wohl nur mit akuter Verliebtheit erklären. Da mischen sich dann romantische Verschmelzungsphantasien mit der Sehnsucht nach traditionellen Familienstrukturen, und ehe man sich versieht, heißt man Meier. Wenn es ums Heiraten geht, verwandeln sich selbst moderne, emanzipierte Frauen in rüschige Weibchen. Plötzlich ist von Tafelsilber und Brautschleiern die Rede, von ewiger Treue und

Einfamilienhäusern. Sein Name wird zum krönenden Titel einer großen Liebe, ein Beweis ihrer Hingabe.

Ich bin vor solchen Phantasien auch nicht gefeit. Als ich mich in Patrick verliebte, habe ich probeweise ein Stiegenfeld hinter meinen Vornamen gekritzelt und von drei kleinen Stiegenfelds geträumt, die – ganz der Vater – nach dem Mittagessen auf den Fußballplatz zum Bolzen gehen. Inzwischen hat sich mein Verstand glücklicherweise zurückgemeldet und mit ihm die Erkenntnis, daß grandioses Ballgefühl nicht vom Nachnamen abhängt.

Natürlich gibt es durchaus vernünftige Gründe, warum eine Frau nach der Heirat auf ihren Nachnamen verzichtet. Wenn sie beispielsweise Rita Notdurft, Silke Pfeffersack oder Petra Fick heißt. Ich kenne wirklich eine Frau, die Fick heißt, und an ihrer Stelle würde ich mir schleunigst einen Mann suchen, der mich von diesem peinlichen Namen befreit. Von allen Gründen, die für einen gemeinsamen Familiennamen sprechen, ist das sicherlich der beste. Auch die Müllers, Meiers und Schmitts dieser Welt haben meinen Segen: Ich möchte nicht heißen wie zwanzigtausend andere Bundesbürger, und wenn mir die Ehe mit einem Herrn Vogelsang zu namentlicher Exklusivität verhilft – dann her damit.

Auch Brittas Beweggründe habe ich verstanden, als sie nach der Hochzeit Tims Namen übernahm. Britta stammt aus einem extrem strengen Elternhaus und haßt ihren Vater, einen egoistischen Tyrannen, der während ihrer gesamten Kindheit die Familie terrorisierte. Ihre Mutter hat sich vor acht Jahren von ihm scheiden lassen, und auch Britta tut alles, um sich von ihrem Vater zu distanzieren. Ihr neuer Name ist ein weiteres Signal: Ich führe mein eigenes Leben, mit dir will ich nichts mehr zu tun haben.

Für Lisa, die Frau meines alten Kumpels Max, kam ein Namenswechsel dagegen nicht in Frage. Auch sie hatte als Kind Probleme mit ihrem dominanten Vater und brauchte Jahre, um sich von seiner Übermacht zu befreien. Um so stärker hing sie an ihrem Namen. Mit Anfang Zwanzig konnte sie endlich sagen: «Ich weiß, wer ich bin und was ich kann, und ich bin stolz darauf, Lisa Roggenbruck zu sein!» Pech für Max, denn als die beiden heirateten, galt das neue Namensrecht noch nicht. Max hat sich bis heute nicht an den Bindestrich in seinem Namen gewöhnt, und daß seine beiden Töchter wie ihre Mutter heißen, kratzt gelegentlich an seiner Eitelkeit. «Das Schlimmste sind die Reaktionen von anderen Typen», sagt er. «Entweder sie halten dich für einen Trottel, der total unterm Pantoffel steht, oder dir wird übertriebener Feminismus vorgeworfen.»

So gesehen hat Patrick Glück gehabt. Ein Doppelname bleibt ihm erspart. Er wird nach der Hochzeit weiter Stiegenfeld heißen, ich Hohwieler, und wenn unsere Söhne dereinst in der Bundesliga spielen, wird bei jedem Tor mein Name auf der Anzeigentafel über dem Stadion leuchten. Ich glaube, er wird trotzdem stolz sein.

«Warum bin ich bloß ausgetreten?»

Kirche oder Standesamt

Pfarrer Joubert nahm seine Aufgabe ernst. Da saß dieses junge, unschuldige Paar bei ihm in der Pfarrstube, und vermutlich hatte ihnen niemand je erzählt, was sie erwartete. Er als Franzose, als Mann, der gegenüber den Dingen des Lebens aufgeschlossen war, würde das nun übernehmen. «Liebär Olaf, du bist eine Mann und Beate ist ein Frau. Sischerlisch wißt ihr, daß es zwischen eusch eine kleine Unterschied gibt.» Die beiden nickten. Gut so, das machte die Sache einfacher. «Wißt ihr, es ist so: Beate, du 'ast eine Vaschina, und das paßt sähr gut mit Olafs Nase zusammen, denn die Nase von deine Mann ist wie seine Penis, und des'alb werdet ihr viele Kinder 'aben!» Nun war es raus. Pfarrer Joubert blickte voller Rührung auf Olaf, der mittlerweile japsend vom Stuhl gefallen war. Die jungen Leute – unschuldig, unerfahren und voller natürlichem Schamgefühl! Aber dafür war so ein Gespräch ja da: dem Paar kurz vor der Hochzeit die Angst vor dem Unvermeidlichen zu nehmen.

Beate und Olaf haben es jedenfalls nie bereut. Noch heute liegen sie vor Lachen unterm Tisch, wenn sie von ihrem Brautunterricht bei Pfarrer Joubert erzählen, der

Olafs Nase pries und Beate anschließend vor dem Gebrauch von Verhütungsmitteln warnte.

Mir wird ein solches Erlebnis wohl verwehrt bleiben. Nur katholische Pfarrer – und nur solche mit ausgeprägtem Pflichtbewußtsein – befehlen ihre Schäfchen heute noch zum Brautunterricht. Leider bin ich nicht nur nicht katholisch, ich gehöre gar keiner Kirche an. Meine Eltern trifft keine Schuld. Sie haben mich taufen und konfirmieren lassen, doch es hat nichts genutzt: Vor fünf Jahren bin ich aus der Kirche ausgetreten, und bevor ich mich mit Heiratsplänen trug, hatte ich auch keinerlei Zweifel an dieser Entscheidung.

Mein Interesse an der Kirche hielt sich schon immer in Grenzen, und in Gotteshäuser habe ich mich nach meinem 15. Lebensjahr bestenfalls verirrt, um mittelalterliche Fresken zu bewundern. Außer einer gewissen Moral und einem diffusen Glauben an eine höhere Macht habe ich mit überzeugten Christen wenig gemein. Hinzu kommt mein natürlicher Geiz: Mit steigendem Einkommen wuchs auch meine Kirchensteuer, und irgendwann hatte ich das Gefühl, daß mit dem Solidaritätsbeitrag der Nächstenliebe Genüge getan sei. Zwei Kirchentage taten ihr übriges. Nachdem zunächst München von Horden singender Jungchristen heimgesucht wurde, die mit penetranter Fröhlichkeit in die Innenstadt einfielen, ereilte mich das gleiche grausige Schicksal nach meinem Umzug nach Hamburg noch mal: Picklige junge Männer und grinsende Pastorentöchter stürmten die Hansestadt, Gitarrenklänge und Gottesdienste tönten aus entlegenen U-Bahn-Schächten, und an jeder Ecke stolperte man über tanzende Birkenstockträger. Was zuviel ist, ist zuviel!

Ich gebe es ja zu: Menschen wie ich dürften nicht mal im Traum daran denken, in der Kirche zu heiraten. Trotzdem tun sie es. Ich habe die überzeugtesten Kirchenhasser vor den Altar treten sehen, Sylvie zum Beispiel, die als Kind jeden Sonntag haßerfüllt in die Kirche marschierte, weil ihre Großmutter es verlangte, und die noch als Erwachsene beim bloßen Anblick eines Geistlichen in Wutgeheul ausbrach. Und plötzlich kniete sie da, ganz in Weiß, mit sanftem Lächeln. «Ich hab meine Ohren auf Durchzug gestellt und den Typen da vorne labern lassen», sagt sie. «Die Sache war's mir wert: Ich wollte eben eine Hochzeit mit allem Drum und Dran.»

Verständlich, daß sich jedem guten Christenmenschen die Nackenhaare aufstellen, wenn gottlose Kreaturen wie Sylvie die Kirche als Partyservice mit klerikalem Ambiente mißbrauchen und auf die tiefere Bedeutung der Trauungszeremonie pfeifen. Aber was ist die Alternative? Die Vorstellung, die Ehe einzig im fahlen Neonlicht einer Behörde von einem bärtigen Standesbeamten abstempeln zu lassen, ist jedenfalls deprimierend.

Mittlerweile gibt es zahlreiche Möglichkeiten, der staubigen Atmosphäre großstädtischer Heiratsbehörden zu entgehen. Die schönsten deutschen Standesämter sind in Büchern aufgelistet, man kann nach Las Vegas fliehen und sich von einem Elvis-Double trauen lassen oder sich kopfüber beim Bungee-Jumpen in Österreich das Jawort geben. Im Lear-Jet ist's möglich, selbst einen Gletscher in Island gibt's als Kulisse, und im Lübecker Hafen liegen zu diesem Zwecke stolze Viermaster bereit. Trotzdem steuern meine Träume zielstrebig ins Mittelschiff einer barocken Kirche in Oberbayern. Es ist diese Mischung aus Tradition und Romantik, die Kirchen verkörpern. Vielleicht ist es auch die Ehrfurcht vor der Ehe und der Wunsch nach Ewigkeit für eine Liebe, die man zu diesem Zwecke einer höheren Macht unterstellen möchte, auch wenn man von deren Existenz nicht wirklich überzeugt ist, aber sicher ist sicher. Und dann gibt es natürlich noch eine Menge unlauterer Motive, die mir zwar etwas peinlich sind, aber der Vollständigkeit halber nicht verschwiegen werden dürfen.

Da wäre zum einen die Sache mit dem Kleid: Jedes kleine Mädchen, das im Besitz eines illustrierten Märchenbuches ist, liebt von allen Märchen *Dornröschen*, *Schneewittchen* und *Aschenputtel* am allermeisten. Nicht wegen der schneidigen Prinzen, die dort auftauchen, sondern wegen dieses einen Bildes ziemlich am Ende, wo Dornröschen (oder Aschenputtel oder Schneewittchen) in einem prächtigen Brautkleid hoch zu Roß sitzt. Wenn das kleine Mädchen älter geworden ist, wünscht sie sich die Braut-Barbie zu Weihnachten (natürlich liegt statt dessen ein blöder Stoffbär unterm Baum), und wenn sie erwachsen ist, schaut sie sich internationale Modenschauen im Fernsehen an, wo gegen Ende wunderschöne Models in wunderschönen, sündhaft teuren Brautkleidern über den Laufsteg defilieren. Und nun wird dieser Traum Wirklichkeit: Nur anläßlich ihrer Hochzeit hat eine Frau die Gelegenheit, guten Gewissens Tausende von Mark in ein Kleid zu investieren, das sie ein einziges Mal in ihrem Leben tragen wird. Von diesem Kleid hängt alles ab, denn immerhin steht sie als Braut vor der schwierigen Aufgabe, sämtliche bisherigen Bräute aus ihrem näheren und weiteren Bekanntenkreis an Schönheit und Anmut zu überbieten. Es muß also etwas besonderes sein: Brüsseler Spitze oder cremefarbene Wildseide, mädchenhaft keusch oder kurz und verwegen, eine lange Schleppe oder lieber ein Schleier – sobald sie angefangen hat, in Modezeitschriften nach derlei kostbaren Kreationen zu suchen, ist die Entscheidung zugunsten einer kirchlichen Trauung gefallen. Darf man als Braut einem solch überaus edlen Gewand den passenden Rahmen verwehren, wird sie sich fragen. Die Antwort lautet nein. Ein Hochzeitskleid gehört in die Kirche, es will sich vor einem Altar in Falten werfen, die segnenden Blicke des Pfarrers sollen auf seinen Steppnähten ruhen. Da muß sie sich dann fügen, die Braut, selbst wenn sie nagende Gewissensbisse verspürt.

Auch gegenüber der Familie hat man als Braut Verpflichtungen. Ich sehe ihn schon vor mir, meinen Vater, wie er mit stolzgeschwellter Brust vor dem Kirchenportal Stellung bezieht. Die Gäste sind inzwischen versammelt, durch die Tür dringt fröhliches Gemurmel. Dann setzt die Orgel ein. Mein Herz schlägt bis zum Hals, ich zupfe ein letztes Mal mein Kleid zurecht und schaue ihn an. «Du siehst bezaubernd aus», sagt er lächelnd, ergreift meinen Arm und öffnet die schwere Holztür, um mich sicheren Schrittes an die Seite meines zukünftigen Ehemanns zu geleiten. Wochenlang hat er einzig für diesen Augenblick bei sämtlichen Herrenausstattern nach dem passenden Anzug gesucht, und wenn ich ihn um die Gelegenheit brächte, sich vor versammelter Verwandtschaft in ganzer Schönheit zu präsentieren, wäre er sicher enttäuscht.

Dann wären da noch die Tanten, deren vornehmste

Aufgabe es ist, bei meinem Jawort gerührt in Tränen auszubrechen. Auf Standesämter weinen Tanten nie, aber in Kirchen zücken sie frischgebügelte Stofftaschentücher, und kein Weichzeichner von David Hamilton könnte vollbringen, was ihre tränenverschleierten Augen aus mir machen: die schönste Braut der Welt.

Vielleicht habe ich in meinem Leben zu viele Hollywoodfilme gesehen, aber dann gibt es da noch ein anderes Szenario, das ich mir für meine Hochzeit inständig wünsche. Falls ich tatsächlich in der Kirche heiraten sollte, würde ich den Pfarrer am liebsten mit einer hohen Spende bestechen, damit er gegen Ende diesen einen Satz sagt, den wir alle aus Kinofilmen kennen und lieben: «Wer etwas gegen diese Verbindung einzuwenden hat, der möge jetzt sprechen oder für immer schweigen.» Wäre es nicht entzückend, wenn dann genau aufs Stichwort ein verzweifelter Exfreund in die Kirche stürzen würde, um sich mir wild entschlossen vor die Füße zu werfen: «Tu's nicht, bitte nicht! Dieser Kerl hat dich doch gar nicht verdient!»

Aber seien wir realistisch. Natürlich würde kein deutscher Pfarrer diesen Satz über die Lippen bringen. Die Frage ist vielmehr, ob irgendein Pfarrer überhaupt willens wäre, jemanden wie mich in seiner Kirche zu trauen.

Die Chancen stehen nicht schlecht. Die meisten Pastoren sind auch dann bereit, ein Paar zu verheiraten, wenn nur einer der beiden Mitglied der Kirche ist. Und weil Patrick seit Jahr und Tag brav seine Kirchensteuer zahlt, werde auch ich in den Genuß des göttlichen Segens kommen. Vorausgesetzt, wir haben uns rechtzeitig vor dem Traugespräch ein paar vernünftige Gründe überlegt, warum wir den unbedingt wollen. Bei allzu unlauteren Motiven kann der Pfarrer einem heiratswilligen Paare nämlich auch die Trauung verweigern. Sicherheitshalber behält man also die Sache mit dem stimmungsvollen Ambiente für sich und erzählt von baldigem Nachwuchs und dem traurigen Schicksal armer Heidenkinder.

Richtig schwierig wird es allerdings, wenn beide aus der Kirche ausgetreten sind. Mein früherer Kollege Volkmar und seine Freundin Julia hatten sich ihre Hochzeit bereits in den schillerndsten Farben ausgemalt. Es sollte ein Fest zu Ehren des internationalen Bolschewismus werden, und bei der Trauung in Kölner Dom sollte der Schwulenchor «Lysistrata» in Meßdienergewändern das Ave-Maria singen. Leider machte der katholische Wiedereintrittspfarrer dem gottlosen Duo einen Strich durch die Rechnung: «Wir hätten den gesamten Katechismus auswendig lernen und zur Beichte gehen müssen. Das war der Spaß dann doch nicht wert.» So blieb den beiden auch der Brautunterricht erspart, obwohl sie sich über wichtige Themen wie Verhütung («pfui!») und Ehebruch («zehn Vaterunser, zwanzig Liegestützen!») sicher gerne hätten aufklären lassen.

Wer es schafft, all diese Hindernisse zu überwinden und den Spott seines Freundeskreises an sich abprallen zu lassen, darf sich auf eine stimmungsvolle Trauung freuen. Wobei die Realität nicht immer mit den romantischen Wunschträumen des Brautpaares mithalten kann. Denn auch wenn die gesamte Zeremonie generalstabsmäßig vorbereitet wurde, macht einem das Schicksal manchmal einen Strich durch die Rechnung. Bei der Hochzeit von Nina und Karsten durchpflügte es die Kirche in Form einer riesigen Wespe, die, nachdem sie alle Hochzeitsgäste inspiziert hatte, zielstrebig auf die Trauzeugin zusteuerte. Der gelang es eine dreiviertel Stunde lang, dem stacheligen Insekt auszuweichen. Doch just, als Nina ihrem Mann das Jawort geben sollte, landete das Tierchen auf dem linken Ohr der Trauzeugin, woraufhin diese laut Scheiße schrie – was der feierlichen Stimmung entschieden Abbruch tat.

Bei Lauras Hochzeit lief in der Kirche alles glatt, doch leider rottete sich während der Predigt über dem Dach ein Hubschraubergeschwader zusammen. Das war sehr schade, denn wie man später von den Gästen aus den vorderen Reihen erfuhr, hat die Pastorin wunderschöne Dinge über die Liebe und das Eheleben gesagt. Wir auf den hinteren Plätzen fühlten uns eher wie Söldner auf einem Kriegsschauplatz.

Apropos Krieg: Der Pfarrer bei Annas Hochzeit wies das junge Paar mehrfach darauf hin, daß das Eheglück gelegentlich von Streit und Unfrieden getrübt wird: «und wenn ihr euch dann aneinander wundgerieben habt», sagte er mit salbungsvoller Stimme, was bei einigen der jüngeren Kirchenbesucher derart frivole Assoziationen auslöste, daß sie sich prustend und kichernd hinter ihren Gesangbüchern verstecken mußten. Als der Kirchenchor dann das Lied «Tief in dir» anstimmte, war die gesamte Bankreihe der Ohnmacht nahe.

Ja, so kann es gehen, und deshalb sollte man sich das mit der Kirche wirklich gründlich überlegen. Aber wenn die Gäste bei meiner Hochzeit vor Freude von den Bänken purzeln würden, hätte sich die Sache schon gelohnt!

«Onkel Hubert ertrag ich nicht»

Wer kommt auf die Gästeliste?

Du hast vielleicht Sorgen», murmelt Patrick und taucht hinter dem Politikteil der Süddeutschen Zeitung hervor. «Warum, um alles in der Welt, soll ich mir am frühen Morgen über so einen Unsinn den Kopf zerbrechen?» Typisch Mann! Erstens ist es schon elf Uhr, also keinesfalls früher Morgen, und zweitens ist das Thema Gästeliste mitnichten «ein Unsinn», sondern vielmehr ein Problem von staatstragender Bedeutung. Gut, vielleicht ist es in Anbetracht unseres nicht existierenden Hochzeitstermins tatsächlich etwas verfrüht, sich darüber Gedanken zu machen. Aber von den meisten Männern wird die politische Brisanz der Gästeliste entschieden unterschätzt: Zwei Paar Eltern, vier Paar Großeltern (falls vorhanden), ein paar Geschwister, und der Rest der Gäste wird aus einem unerschöpflichen Pool partytauglicher Freunde rekrutiert. Meint der Mann. Als wenn es so einfach wäre! Tatsächlich erfordert die Zusammenstellung der Gästeliste ein Höchstmaß an diplomatischem Geschick. Da werden hinter freundlichen Fassaden Koalitionen gebildet, Allianzen geschlossen und oppositionelle Kräfte niedergerungen. Verglichen mit den Grabenkämpfen einer heiratswilligen Frau sind die außenpolitischen Herausforderungen eines Herrn Kinkel – mit Verlaub – harmloser Kinderkram.

Die Vorgaben sind klar: Mit der zur Verfügung stehenden Summe X können auf der Hochzeitsfeier genau hundert Gäste verköstigt werden. Beim Brautpaar herrscht Einigkeit: der Freundeskreis ist groß, die Verwandtschaft lästig, mehr als zwanzig Gäste über sechzig gehen auf Kosten der Stimmung.

Doch nun tritt – in Gestalt der Brautmutter – die erste feindliche Großmacht auf den Plan: Immerhin übernähme sie zusammen mit dem hart arbeitenden Brautvater die Hälfte der Kosten, und da habe man bei der Auswahl der Gäste doch ein Wörtchen mitzureden. So geschehen bei der Feier meiner Freundin Sylvie. Sylvies Mutter, Sprößling eines Clans von biblischem Ausmaß, wollte sämtliche Familienmitglieder auf der Hochzeit ihrer Tochter versammelt sehen. Was die Verwandten ersten Grades betraf, waren die beiden Parteien durchaus konsensfähig. Doch als Vertreterin einer mächtigen Lobby machte sich Sylvies Mutter nun mit außerordentlicher Beharrlichkeit für verwandtschaftliche Randgruppen stark. Da wurden relevante Erbfolgen zitiert, Fotoalben zur Dokumentation weitläufiger Familienbande herangezogen, Geldhähne auf- und zugedreht. Sylvie leistete erbitterten Widerstand: Sie versuchte es mit logischen Argumenten («Onkel Johann hab ich das letzte Mal bei meiner Taufe gesehen – was hat der auf meiner Hochzeit zu suchen?»), mit geschmacklichen Übereinstimmungen («Du findest es schließlich auch eklig, wenn Großtante Grete nach dem Essen immer ihr Gebiß rausnimmt!»), mit Autonomie-Ansprüchen («Es ist meine Hochzeit, verdammt noch mal!») und Drohungen («Wenn Onkel Ludwig kommt, müßt ihr auf meine Anwesenheit verzichten!»). Letzeres klang aus dem Munde der Braut zwar reichlich unglaubwürdig, verhalf ihr aber zu einem starken Koalitionspartner: Sylvies Vater, der von dem ständigen Gezeter die Nase voll hatte, warf weitere 5000 Mark in den Geldtopf. Die Anzahl der Gäste wurde auf 120 erhöht, seine Frau erhielt ein festes Kontingent von dreißig Einladungen und hatte fortan den Mund zu halten.

Auch wenn sämtliche Ersparnisse dabei draufgehen – es ist schon ein riesiger Vorteil, wenn man seine Hochzeit aus eigenen finanziellen Mitteln bestreiten kann. Das verhilft dem Brautpaar zu der nötigen Autonomie, und oppositionelle Kräfte können problemlos in ihre Schranken verwiesen werden. Trotzdem darf sich die Braut jetzt keinesfalls in Sicherheit wiegen. Ehe sie sich's versieht, kommt es nämlich zu Interessenkonflikten in den eigenen Reihen, und der zukünftige Ehemann entpuppt sich plötzlich als zweite feindliche Supermacht, die es niederzuringen gilt.

Mal abgesehen davon, daß auch er eine Mutter hat, die ihre gesamte Verwandtschaft an der Hochzeitstafel versammeln möchte und sich ihres Sohnes als Sprachrohr für die Durchsetzung ihrer perfiden Ziele bedient – das eigentliche Problem ist sein Freundeskreis. Neben der gemeinsamen Clique gibt es da nämlich gewisse Splittergruppen im sozialen Umfeld des Bräutigams, auf deren Anwesenheit die Braut bei ihrer Hochzeit lieber verzichten würde. Seine Handballmannschaft zum Beispiel. Alles nette Jungs, zweifellos, aber intensiver Alkoholgenuß führt bei denen nicht nur zum sofortigen Verlust der Muttersprache, sondern auch zum totalen Verzicht auf jegliche Tischmanieren. Oder diese Typen aus der Fahrgemeinschaft. Klar kann er ein paar Kollegen einladen. Aber muß es ausgerechnet dieser windige Dampfplauderer aus der Marketingabteilung sein, der selbst achtzigjährige Großmütter mit «schöne Frau» anspricht? Um das Schlimmste zu verhindern, müssen nun harte Geschütze aufgefahren werden. Die zwanzigköpfige Jazzgymnastikgruppe samt Trainer. Drei Kaffeekränzchen, eine Tennismannschaft, acht freilaufende Sekretärinnen. Sobald eine Art Gleichgewicht des Schreckens hergestellt ist, kann verhandelt werden. Ein Marketing-Fuzzi gegen zwei Tippsen. Ein Torwart gegen zwei Hupfdohlen. Ein paar Bauernopfer, und schon ist die Handballmannschaft eliminiert.

Halt! Noch nicht streichen! Im weiteren Verlauf der Verhandlungen könnte uns die Handballmannschaft durchaus von Nutzen sein. Beinahe hätten wir nämlich die wichtige Frage der Trauzeugenregelung vergessen. Trauzeugen gibt es normalerweise zwei, wobei der eine von der Braut und der andere vom Bräutigam gestellt wird. Die meisten Frauen wählen eine weibliche Trauzeugin, entweder die Schwester oder die beste Freundin, bei deren Hochzeit sie vor zwei Jahren selbst mit dieser ehrenvollen Aufgabe betraut wurden. Was aber, wenn man *zwei* beste Freundinnen besitzt, und bei beiden Trauzeugin war? So was verpflichtet schließlich, und niemals brächte man es übers Herz, die eine der anderen vorzuziehen. Was tun? Ganz einfach: Dem Bräutigam den Trauzeugen abfeilschen, beide Positionen mit besten

Freundinnen besetzen und die Handballmannschaft als Entschädigung mit offenen Armen empfangen.

So, das wäre geklärt. Kommen wir zum nächsten Problemkomplex: der Sitzordnung. Mit einer gutsortierten Gästeliste ist es beileibe nicht getan. Sämtliche Gäste müssen nun nach Neigungsgruppen gebündelt und an die diversen Tische verteilt werden. Politisch hochbrisant, weil sich eine dritte einflußreiche Fraktion zu Wort meldet, nämlich die Single-Freundinnen der Braut. Aus nachvollziehbaren Gründen besteht diese mächtige Minderheit darauf, alle geladenen Paare auseinanderzureißen und die interessantesten Männer an ihrer Seite zu plazieren. Natürlich könnte man diesem Antrag stattgeben, doch plötzlicher Partnerverlust während der Hauptmahlzeiten führt bei vielen Menschen zu Appetitlosigkeit. Unsere unbemannten Freundinnen sollen trotzdem nicht darben, und ganz elegant ziehen wir jetzt einen sicheren Trumpf aus der Tasche. Richtig: die Handballer! Einmal mischen, und schon ist das Thema vom Tisch.

Die eigentlichen Gefechte finden ohnehin im Kreise der lieben Familie statt. Daß die Eltern von Braut und Bräutigam sich am Tag der Hochzeit unter Umständen das erste Mal begegnen, ist schon Anlaß genug, um in Panik zu geraten. Logischerweise sitzen sie mit dem Brautpaar an einem Tisch, und was, wenn sie sich nicht ausstehen können? Ein prophylaktischer Friedensvertrag, zu dessen Einhaltung Braut und Bräutigam ihre Eltern im Vorfeld verpflichten, empfiehlt sich in jedem Fall. Politik, Religion und der Name des erstgeborenen Enkelsohns werden darin als Tabuthemen deklariert –

über sämtliche andere Dinge des Lebens (Wetter, Urlaubsreisen, Semmelknödelrezepte) darf dagegen in aller Ausführlichkeit diskutiert werden.

Zwei Paar Eltern kann ein Brautpaar während der Hochzeitsfeier durchaus in Schach halten. Richtig schwierig wird es erst, wenn man drei oder gar vier Elternpaare an einem Tisch vereinen muß. Das ist heutzutage ja keine Seltenheit mehr: Beide Elternpaare sind geschieden, alle haben neu geheiratet, und natürlich sind bei unserem fröhlichen Fest sämtliche Stiefmütter oder -väter mit von der Partie. Im Idealfall können sich alle gut leiden, doch meistens kommt das Brautpaar trotzdem ins Schwitzen, wenn alte Ehekriegsveteranen samt neuer Verbündeter aufeinandertreffen. Auch hier tut ein Waffenstillstandsabkommen not, anderenfalls könnte sich die festliche Tafel schnell in einen Gefechtsschauplatz furioser Exgatten verwandeln.

All das konnte ich Patrick an jenem Morgen natürlich nicht erzählen. Angesichts solcher Schreckensszenarien würde ihm die Lust am Heiraten auf der Stelle vergehen. Wir sind nämlich mit allem versorgt, was eine Gästeliste an sozialem Sprengstoff braucht: geschiedene Eltern, Hand- und Fußballmannschaften, verrückte Verwandte im Überfluß. Selbstverständlich werden sich auf unserer Hochzeit alle prächtig verstehen. Und warum? Weil ich mir über «so einen Unsinn» rechtzeitig Gedanken mache. Aber von den wirklich wichtigen Dingen des Lebens haben Männer eben einfach keine Ahnung.

«Ein Hoch auf das Brautpaar»

Reden, Hochzeitszeitungen und andere Rituale

Gelegentlich kommt es vor, daß ich des Nachts wach im Bett liege, und wie das halt so ist, wenn man schlaflos auf die Mondsichel starrt, steigen plötzlich düstere Gedanken auf. «Lieber Mond», sage ich in solchen Momenten (leise, damit mein Freund nicht aufwacht), «lieber Mond, warum will ich mir das eigentlich antun?» Der Mond schweigt betreten, er weiß es auch nicht, mach das mal schön mit dir selbst aus, wird er sich denken, und so liege ich denn stumm in meinem Bett und hoffe, daß meine innere Stimme die passende Antwort parat hat.

Heiraten ist purer Streß, da sind wir uns einig, die innere Stimme und ich. Die ganze Arbeit, das viele Geld und dann die fürchterlichen Pannen, die währenddessen passieren können. Warum, frage ich mich also, bin ich trotzdem so scharf drauf? «Weil du eitel bist und für dein Leben gern im Mittelpunkt stehst!» tönt es aus meinem Inneren. Das ist nicht schmeichelhaft, entspricht aber der Wahrheit. Ich finde den Gedanken einfach zu verlockend: Da reisen Menschen aus aller Herren Länder an, nur um mir zu huldigen. Sie tragen teure Geschenke im Handgepäck, wollen meine Schönheit lobpreisen und haben kleine Kunststücke einstudiert, um mir und dem Bräutigam ein Wohlgefallen zu sein. Es werden Reden vorgetragen und Theaterstücke aufgeführt, Hochzeitszeitungen verteilt und Lieder angestimmt, und alle, alle handeln von mir.

Wann hat man schon mal die Möglichkeit, sich in so komprimierter Form seiner Beliebtheit zu vergewissern? Bei seiner Taufe? Viel zu lange her, und außerdem wurde man damals gleich nach der Kirche mit einer Flasche schleimigem Milchbrei ins Bett gesteckt. An seinem achtzehnten Geburtstag? Fehlanzeige! Just am Tag der Party breitete sich ein Schub postpubertärer Akne auf den rosigen Teenagerwangen aus, und kein einziges Mal wurde man zum Engtanzen aufgefordert. Der Dreißigste? Ging in einem Anfall akuter Depression unter. Bleibt nur die Hochzeit als Hommage an die Eitelkeit, und diese Gelegenheit darf man sich einfach nicht entgehen lassen.

Am meisten freue ich mich auf die Ansprachen, die man mir zu Ehren halten wird. Reden haben so was wunderbar Feierliches, sie sind extrem persönlich, und die Verfasser haben sich in der Regel viel Mühe gegeben, um dem Anlaß mit blumigen Worten gerecht zu werden. Sobald die Vorspeise abgeräumt und der erste Hunger gestillt ist, wird traditionsgemäß der Brautvater als erster das Glas erheben. Lehnen wir uns also zurück, und lauschen wir den Worten eines stolzen Familienoberhaupts:

«Liebes Brautpaar, liebe Gäste», sagt der Vater, und voller Wohlwollen ruhen hundert Augenpaare auf dem gutgekleideten Mann. «Man erwartet von mir, daß ich anläßlich der Hochzeit meiner Tochter Melanie das Wort ergreife, und ich muß sagen, es fällt mir nicht leicht» (Klarer Fall, weil er seine entzückende Tochter nicht verlieren will, denken die Gäste und lächeln milde). «Melanie war immer ein störrisches Kind», sagt der Vater, «uneinsichtig, mürrisch und von klein auf eine Einzelgängerin» (Wie bitte? Das soll ja wohl ein Witz sein – allgemeine Verwirrung, hilfloses Gelächter, Melanie erbleicht). «Und auch Kurt ist nicht eben ein heiterer Zeitgenosse, ich möchte sogar fast behaupten, daß Kurt ein ausgesprochener Langweiler ist» (Kurts Familie versteinert, die Braut weint). «Dabei braucht man, um die Ehe zu ertragen, vor allem eins: Humor. Ich habe auch keinen, deshalb habe ich mich von Melanies Mutter vor fünfzehn Jahren scheiden lassen und nie wieder geheiratet.»

Stopp! Sofort ausblenden! Das war ein schlechtes Beispiel für eine gelungene Hochzeitsrede. Melanie und ihre Mutter verließen schluchzend den Festsaal, und der Vater wurde für den Rest des Abends von sämtlichen Gästen geschnitten.

Der eigentliche Sinn der väterlichen Ansprache liegt natürlich darin, die guten Eigenschaften der Tochter zu würdigen und der Freude über die Wahl eines patenten Schwiegersohns Ausdruck zu verleihen. Die meisten Väter machen das sehr gut, und hinterher fallen ihnen die Töchter unter allgemeinem Beifall um den Hals. Die schönste Rede, die ich von einem Brautvater jemals gehört habe, war die auf Annas Hochzeit. Vater Steininger hatte einen alten Brief aufgetan, den Annas Urgroßvater seiner Tochter anläßlich deren Hochzeit geschickt hatte, und las daraus vor. Der Brief war so bezaubernd, daß ich an dieser Stelle daraus zitieren muß:

Aber nun, liebe Agnes, einige Ermahnungen meinerseits, die ich Dir recht nahelege. In erster Linie, sei sparsam, gib keinen unnützen Kreuzer aus, denn der muß erst verdient werden. Laß Dir das Kochen angelegen sein, das heißt, verpatze nichts, es kostet alles Geld.

Sei überall im Haushalt recht rein und halte alle Winkel sauber. Die Teppiche nicht mit nassen Hadern überwischen, lieber öfter klopfen.

Mache Deinen Mann nicht eifersüchtig. Überhaupt passe Dich in allem und jedem an. Du darfst nichts verheimlichen und vertuschen. Es ist häßlich, der Mann wird, wenn er darauf kommt, mißtrauisch, und die Zuneigung verliert sich. Wenn Dein Mann in der Woche ausgehen will, mache kein Gesicht, sondern fordere ihn selber auf, ein paar Stunden in Gesellschaft zu verbringen. Er wird Dir immer dankbar sein und Dich anderseits wieder entschädigen.

Verständlicherweise waren besonders die männlichen Gäste von Herrn Steiningers Hochzeitsrede begeistert, aber auch die Frauen belohnten ihn mit stehenden Ovationen. Ein Brautvater mit Charme und Sinn für Humor ist einfach das beste, was einer Hochzeitsfeier passieren kann.

Dann war ich an der Reihe, als Trauzeugin kann man sich vor dieser Aufgabe ja nur schwer drücken. Außerdem hatte mich Anna schon Monate vor ihrer Hochzeit einmal täglich darauf hingewiesen, daß sie sich auf meine Rede besonders freut. Was hätte ich tun sollen? Also stand ich nach dem Hauptgang auf und ergriff das Wort. Und weil Anna unter einem ähnlichen Adelsfimmel leidet wie ich, begann ich meine Ansprache mit dem Hinweis, daß Anna eigentlich einen Prinzen heiraten wollte, denn Anna von Sayn-Wittgenstein-Sayn klänge einfach viel besser als Anna Schmitt. Die Familie des Bräutigams fand das überhaupt nicht komisch. Aus den Augenwinkeln konnte ich beobachten, wie das Lächeln von Annas Schwiegervater nach den ersten zwei Sätzen gefror. Auch die Reverenzen auf Annas lebhafte Vergangenheit («Und als Anna damals bei offenem Fenster im Stringtanga durch meine Wohnung tanzte und lauthals ‹I'll never be your beast of burden› grölte …») fanden Herrn Schmitts Beifall nicht. Am Schluß kriegte ich dann doch noch die Kurve, indem ich deutlich machte, daß kein Prinz der Welt Jan das Wasser reichen könne. Herr Schmitt war versöhnt, der Abend gerettet, und gegen Mitternacht haben wir dann noch so manches Schnäpschen miteinander gesüffelt.

An dieser Stelle also mein Tip an alle Bräute: Machen Sie Ihrer Trauzeugin beizeiten deutlich, daß eine Hochzeitsgesellschaft nicht der richtige Rahmen zum Ausplaudern heiterer Frivolitäten ist. Klären Sie vorher ab, welche Anekdoten an die Öffentlichkeiten dringen dürfen und welche unter das Jugendschutzgesetz fallen. Bedenken Sie aber: Noch schlimmer als frivole Reden sind gar keine Reden. Über so eine Kränkung kommt man als Braut niemals hinweg, und ein paar indignierte Groß- oder Schwiegereltern sind halb so schlimm wie diese Schmähung.

Im Idealfall grübeln nicht nur Brautvater und Trauzeugen Wochen vor der Hochzeit über amüsante Darbietungen, sondern auch der gesamte Freundeskreis und die lieben Verwandten. Eine Hochzeitszeitung muß erstellt werden, und das ist ein echter Trost für das gestreßte Brautpaar. Während wir uns nämlich mit der Vorbereitung des Festes herumquälen, tragen wir die schöne Gewißheit in unseren Herzen, daß irgendwo da draußen Menschen sind, die sich ebenfalls am Rande des Nervenzusammenbruchs befinden.

Das Problem liegt zumeist darin, daß die Angehörigen des Brautpaares ein völlig anderes Humorverständnis haben als dessen Clique. Am liebsten würden unsere Freunde die Hochzeitszeitung im Alleingang gestalten und mit wilden Geschichten über die Kiffervergangenheit des Bräutigams und die früheren Verfehlungen der Braut in Sachen Partnerwahl («Wir nannten ihn nur die Speck-Robbe ...») anreichern. Weil aber eine Hochzeitszeitung ohne Kinderfotos nur der halbe Spaß ist, müssen früher oder später die Eltern und Verwandten der beiden angezapft werden. «Ihr macht eine Hochzeitszeitung? Wie schön!» sagte Ninas Mutter, als wir sie um Fotos baten, und ernannte sich umgehend zur Textchefin des gesamten Projekts. Von diesem Moment an war dann Schluß mit lustig. Vier Wochen lang trafen wir uns jeden Mittwoch um halb acht, und die Vorschläge von Frau Schneider wurden von Mal zu Mal grausiger. Es begann mit einer «Polizeiverordnung zum festlichen Tage» (§ 1: Wer unsere Hochzeit mitmachen will, muß vor allen Dingen anwesend sein! §2: Die Hochzeit beginnt mit dem Abgeben der Geschenke. Danach kann, wer will, wieder gehen. §3: Die Benutzung der Kronleuchter als Schaukeln sowie die Verwendung der Teppiche als Ringermatten ist nicht gestattet usw.), über die sie sich schier totlachen wollte, während wir diese humoristische Fehlleistung mit blankem Entsetzen zur Kenntnis nahmen. Als nächstes folgte eine ungeheuer spaßige Persiflage auf Karstens Heiratsantrag, den er als Ingenieur folgendermaßen formuliert haben soll: «Mein kleiner Starfighter, du bist der Turbomotor, der meinem tristen Leben Tempo verleiht, laß mich ein Rädchen in deinem Getriebe sein.» Mit viel Geduld und Überredungskunst konnten wir ihr diese Peinlichkeiten ausreden, mußten dafür aber zahlreiche Gedichte von Frau Schneider in das Schriftstück integrieren («Nina und Karsten sind nicht mehr allein, sie kamen kürzlich überein, den Ehebund zu schließen, drum laßt uns das begießen»). Das Ergebnis unserer abendlichen Konferenzen war die vermutlich dämlichste Hochzeitszeitung seit der Erfindung der Druckerschwärze.

Doch wir nahmen Rache. Das obligatorische Hochzeitsquiz ließen wir uns nicht von Frau Schneiders haarsträubender Biederkeit verpfuschen. Beim Hochzeitsquiz werden Braut und Bräutigam vor verschiedene Aufgaben gestellt, damit sich zeigt, wie gut sie zueinander passen. Auch Nina und Karsten blieb das nicht erspart, nur daß wir die üblichen Spiele zu ihrer großen Freude ein wenig frivolisierten. Der Showmaster trat als Playboy-Bunny auf die Bühne, das beliebte Quizelement «Hände raten» (der Bräutigam muß mit verbundenen Augen aus fünf vorgestreckten Händen durch sorgfältiges Tasten die seiner Frau herausfinden) verwandelten wir in «Hintern raten», und all die hübschen Anekdoten, die beim Erstellen der Hochzeitszeitung der Zensur zum Opfer fielen, packten wir in die heitere Raterunde «Wahr oder falsch». Na ja, wir fanden es jedenfalls sehr lustig …

Was die Braut an ihrer Hochzeit sonst noch erwartet? Eine Entführung (im Idealfall durchgeführt von Exfreunden oder aktuellen Verehrern – das verleiht der ganzen Sache etwas mehr Brisanz und Realitätsnähe), einen Hochzeitstorten-Anschnitt, diverse Walzer und natürlich das Werfen des Brautstraußes. Letzteres mündet meistens in heftige Tumulte, weil die eine Hälfte der weiblichen Gäste unbedingt als nächste heiraten und den Strauß deshalb fangen möchte, während der Rest auf Grund tiefsitzender Bindungsangst aus dem Festsaal zu fliehen versucht. Ich hätte das bei Annas Hochzeit mal besser auch getan. Aber nun ist es leider zu spät.

«Die schönste Braut der Welt»

Das Fest der Superlative

Es ist ein Tag wie aus dem Bilderbuch. Die Sonne scheint, die Hummeln brummen, und auf dem Innenhof des kleinen bayerischen Landgasthofs ertönt fröhliches Gelächter. Schöne junge Frauen in flatternden Kleidern flanieren mit verliebten Galanen umher, Eltern und Verwandte stehen plaudernd unter Sonnenschirmen, und über rotglühenden Drehspießen brutzeln kleine Spanferkel ihrer Bestimmung entgegen.

Ein entzückendes Szenario, nicht wahr? Ich male es mir regelmäßig aus, wenn ich an meine Hochzeit denke. Immerhin soll es der schönste Tag in meinem Leben werden, das Fest der Feste, und da ist keine Phantasie zu kitschig, auch wenn sie sich wie eine Mischung aus Sommernachtstraum und Lore-Roman anhört.

Die Schwierigkeit besteht darin, solch blumige Hirngespinste in die Tat umzusetzen. Real existierende Hochzeiten sind nämlich kein federleichtes Vergnügen, sondern harte Arbeit. Monatelang wird geplant und organisiert, beschlossen und verworfen, bestellt, storniert, dekoriert, und nur das Beste ist gut genug.

Und dann geht trotzdem alles schief. Weil das Spanferkel Aug in Auge mit dem Metzger in letzter Sekunde die

Flucht ergreift. Weil die minderjährige Cousine den krachledernen Bierzapfer verführt oder die Braut bereits am frühen Abend einem fulminanten Champagnerrausch erliegt.

Solche Pannen kommen in den besten Familien vor, und zumindest sollten wir darauf vorbereitet sein. Damit es trotzdem das schönste Fest aller Zeiten wird, habe ich die wichtigsten Aspekte von A bis Z zusammengestellt:

A wie Alkohol Er trägt entschieden zum Gelingen des Festes bei und sollte deshalb in rauhen Mengen vorhanden sein. Eines dürfen wir jedoch niemals vergessen: Der Alkohol ist der größte Feind der Braut. Hier ein Gläschen Champagner, dort einen Humpen Bier, zwischendurch ein Schnäpschen, und schwuppdiwupp liegt die Braut um 20 Uhr bewußtlos unterm Buffet. Das muß doch nicht sein! Erstens wäre es jammerschade, wenn wir unsere eigene Hochzeit verschliefen, zweitens könnte es passieren, daß wir unsere Schwiegermutter im Delirium als aufgeblasene Brunftschnepfe bezeichnen, was das künftige Familienleben langfristig trüben könnte. Deshalb: Immer nur kurz nippen und mit Mineralwasser nachspülen.

B wie Bräutigam Bei der Hochzeitsfeier spielt er keine wirklich bedeutende Rolle. Der Bräutigam ist schmückendes Beiwerk, ein Statist gewissermaßen, der sich freundlich lächelnd im Hintergrund halten sollte. Im Mittelpunkt des Festes steht die Braut, ein bezauberndes Geschöpf von atemberaubender Schönheit, deren Charme und Anmut alle Gäste in ihren Bann zieht. Unangenehm, wenn da der Gatte wie eine beleidigte Leberwurst an die Bar schlurft, um bei einem Glas Whisky zu weinen. Sagen Sie ihm, bei den Abachasiern, einem Volk in Georgien, dürften die Männer bei ihrer Hochzeitsfeier gar nicht in Erscheinung treten, und er könne sich glücklich schätzen, daß er überhaupt dabeisein darf.

C wie Cutaway Auch wenn angesichts des umwerfend schönen Prachtgewands der Braut niemand so recht auf den Bräutigam schaut, sollte er an seiner Hochzeit anständig angezogen sein. Mit einem Cutaway, einem dunklen Anzug mit vorn abgerundetem Sakko, ist er tagsüber gut verpackt. Für das eigentliche Fest am Abend sollte es schon ein Smoking sein – allein aus Rücksicht auf Ihre Gäste. Eine alte Faustregel besagt nämlich, daß niemand eleganter sein darf als das Brautpaar. Wenn sich der Bräutigam anläßlich seiner Hochzeit in seinen alten Konfirmationsanzug zwängt, könnte das schwierig werden.

D wie Diskjockey Gute Musik ist das A und O jeder Hochzeitsfeier. Die Gäste wollen tanzen, und diesem Wunsch sollten wir Rechnung tragen. Zur Wahl stehen: 1) Ein Alleinunterhalter samt Hammondorgel, 2) eine Fünf-Mann-Band, 3) ein Diskjockey. Von ersterem ist entschieden abzuraten. Wie der Name schon sagt, handelt es sich bei den meisten Alleinunterhaltern um ausgemachte Spaßvögel, die nach jedem Lied lustige Sprüche («Ich bin's, der turbogeile Tasten-Tony») absondern oder die Gäste zu allerlei heiteren Spielchen animieren

(«Und bei der Polonäse fassen die Damen den Herren kräftig in den Schritt»).

Sofern Sie keine Vorliebe für Death-Metal oder Volksmusik haben, können Sie mit einer Band Ihres Geschmacks schon mehr Furore machen. Hauptsache, Sie nehmen den Jungs rechtzeitig die Verstärker weg, denn Bands spielen grundsätzlich zu laut. Ich würde mich trotzdem für einen Diskjockey entscheiden. Fragen Sie keinen Freund – der wird nach drei Stunden sauer, weil er hinter seiner Stereoanlage die ganze Party verpaßt. Besser, Sie engagieren einen Profi. Auf tausend Mark mehr oder weniger kommt es jetzt auch nicht mehr an.

E wie Essen Das mit den Spanferkeln war natürlich nicht ernst gemeint. Nie im Leben würde ich an meiner Hochzeit süße unschuldige Ferkel in den Tod schicken! Abgesehen davon, daß Schweinefleisch als Hochzeitsmahl ebensowenig mehrheitsfähig ist wie Rind (wegen des gleichnamigen Wahnsinns) oder Geflügel (wegen der kleinen ekligen Salmonellen). Um allen Vegetariern, Allergikern und Hyperglykämikern unter den Gästen gerecht zu werden, sollte das Menü sorgfältig durchdacht sein. Ein Rote-Bete-Süppchen als Vorspeise, ein feines Wirsingrisotto und zum Nachtisch eine Rüblitorte vom Biobauern dürfte allerdings auch nur wenige der Anwesenden zufriedenstellen. Die Lösung: ein Buffet, von allem etwas, und wer trotzdem nichts Passendes findet, muß eben beim Bier bleiben.

F wie Fotograf Jeder von uns kennt diese stimmungsvollen Hochzeitsbilder, wie sie in den Schaufenstern kleinstädtischer Fotostudios ausgestellt werden. Da lehnt die Braut (Dauerwelle, Tüllschleier) an einer Trauerweide, und ihr Gatte (Schnurrbart, Nylonsocken) kauert mit verliebtem Blick zu ihren Füßen. Oder umgekehrt. Darauf sollten wir aus ästhetischen Gründen lieber verzichten. Trotzdem macht es Sinn, einen professionellen Fotografen für die Hochzeitsfeier zu engagieren. Betrauen Sie nämlich einen Hobbyknipser aus Ihrer Clique mit der Aufgabe, Brautpaar und Gäste zu fotografieren, werden weder Tante Sophie noch die alten Schulfreunde aus Münster auf einem der 387 Fotos auftauchen. Die kennt er nicht, die sind ihm wurscht, lieber macht er noch ein paar Schnappschüsse von Kurti und Schorschi beim Ententanz. Ab 22 Uhr ist unser Freund betrunken, die Kamera schwimmt in der Erdbeerbowle, und aus der Traum vom Fotoalbum.

G wie Geschenke Je präziser die Wünsche, desto geringer die Entäuschung. Oder wollen Sie zur Hochzeit drei Picknickkörbe geschenkt bekommen? Um das zu vermeiden, legen viele Paare eine Hochzeitsliste an, aus der die Gäste etwas auswählen können. Ihre Freunde finden das spießig? Auch kein Problem. Dann dürfen sie sich eben ein witzigeres Geschenk für Sie ausdenken. Wichtig: Packen Sie die Gaben erst am nächsten Morgen aus. Der Anblick eines neongelben Doppeldildos (von der Handballerclique Ihres Gatten) könnte bei Ihren Großeltern Irritationen auslösen.

H wie Haare Wenn Sie im Besitz langer glänzender Naturlocken sind, können Sie diesen Abschnitt getrost überspringen. Auch streichholzkurze Haare sind kein Problem: waschen, fönen, fertig. Für alle anderen stellt das Hair-Styling anläßlich der Hochzeit ein echtes Problem dar. Auf keinen Fall sollten glatte, flusige Haare mit viel Haarspray zur Hochfrisur erhoben werden. Nach dem ersten wilden Tänzchen sitzt die Frisur dann wie ein verrutschter Stahlhelm auf dem Haupt. Deshalb: Respektieren Sie die Gesetze der Schwerkraft, lassen Sie die Haare hängen, und legen Sie einen Schleier drüber.

I wie Idealgewicht Keine Frau möchte in ihrem Brautkleid wie ein gestrandeter Eisberg aussehen. Ab sofort ist Schluß mit Schokoriegeln und Sahnejoghurt! Wer keine Lust hat, sich für die Hochzeit zurechtzuhungern, sollte rechtzeitig schwanger werden. Ihre verheißungsvollen Fettpölsterchen werden die gesamte Verwandtschaft in Entzücken versetzen.

J wie Joch Mit dem Tag der Hochzeit ändert sich das Leben des Bräutigams schlagartig. Natürlich darf er nach wie vor arbeiten gehen und einmal die Woche mit seinen Freunden zum Fußball. Die eigentliche Aufgabe Ihres Gatten aber besteht von nun an darin, Sie glücklich zu machen. Und je früher er auf seine künftigen Pflichten vorbereitet wird, desto besser. Hat er Ihnen gerade ein Glas Champagner eingeschenkt, verlangen Sie nach Melissentee. Gibt es nicht? Dann ab in die nächste Notapotheke. Er will mit seiner Exfreundin tanzen? Ausgerechnet auf «Schwarzbraun ist die Haselnuß»? Wo das doch ihr Lieblingslied ist. Versuchen Sie zu weinen, und zerren Sie ihn auf die Tanzfläche. Auch wenn es grausam klingt:

Die Hochzeitsfeier eignet sich bestens für solche erzieherischen Maßnahmen, und später wird er es Ihnen danken!

K wie Kinder Ohne die lieben Kleinen ist eine Hochzeit nur der halbe Spaß. Natürlich freuen Sie sich, daß Hans und Rita ihre drei wilden Racker mitgebracht haben, einfach süß, wie die Burschen mit ihren Baggern die Hochzeitstorte umgraben. Nein, im Ernst, Kinder sind wirklich eine Bereicherung für jedes Fest. Tragen Sie mit lustigen Spielen zu ihrer Unterhaltung bei. Spielen Sie «Wer am längsten still und stumm am Tisch sitzen bleibt, gewinnt eine Tüte Gummibärchen» oder «Wer am leisesten flüstert, darf als erster ins Bett.» Einen Versuch ist es jedenfalls wert.

L wie Lächeln Auch auf die Gefahr hin, daß Ihr Gesicht zu fortgeschrittener Stunde in einer Wangenlähmung erstarrt: Auf ihrer Hochzeit hat die Braut glücklich auszusehen. Lächeln Sie, obwohl Sie den Schottenwitz von Onkel Karl schon hundertmal gehört haben und Onkel Karl zum Kotzen finden. Lächeln Sie, wenn die verzogenen Bälger von Hans und Rita mit Ihrem Brautschleier Tauziehen spielen. Lächeln Sie für Ihre Eltern (dankbar), für Ihre Erbtante (erwartungsvoll), für die Exfreundin Ihres Gatten (hämisch). Falls Sie keinen Grund zum Lachen haben, suchen Sie sich einen: Schauen Sie Ihrem Mann beim Lambada-Tanzen zu.

M wie Mütter Die Hochzeit ihrer Tochter ist für jede Mutter der absolute Härtetest. Meine behauptet immer,

Brautmütter brächen bei der Trauung nur deshalb in Tränen aus, weil sie wissen, daß das schöne Leben ihrer Töchter von nun an vorbei ist. Als hätten sie's nicht selbst erlebt! Kein Wunder also, daß die meisten von ihnen bereits Wochen vor der Eheschließung psychisch am Ende sind. Damit unsere Mutter am Tag der Hochzeit nicht kollabiert, müssen wir alles tun, um ihr fragiles Nervenkostüm zu schonen: Falls Ihre Eltern geschieden sind, weil Ihr Vater sich in seine neunzehnjährige Sekretärin verliebt hat – setzen Sie die Neue an den Kindertisch. Sorgen Sie dafür, daß Ihre Mutter das schönste Kleid trägt, den besten Platz hat, genügend Champagner bekommt. Halten Sie sie auf einem bekömmlichen Level. Wenn sie kichernd den ersten Samba aufs Parkett gelegt hat, ist der Abend gerettet.

N wie Nervenzusammenbruch Wie gesagt, Nervenzusammenbrüche sind eigentlich der Brautmutter vorbehalten. Trotzdem ist es verständlich, wenn die Braut am Tag ihrer Hochzeit auf dem Zahnfleisch daherkommt. Monatelang hat sie diesem Tag entgegengefiebert, in den letzten drei Nächten kaum geschlafen, und da genügt dann schon die kleinste Panne, um sie in ein jammerndes Nervenbündel zu verwandeln. Sie sehen bezaubernd aus, wenn Sie weinen? Wunderbar, dann lassen Sie Ihren Tränen freien Lauf. Für alle anderen gilt: diskret auf die Toilette verschwinden, sorgfältig nachpudern.

O wie Onkel (reich) Es ist Jahre her, seit wir ihn das letzte Mal gesehen haben. Onkel Richard verbringt die meiste Zeit des Jahres in seinem Haus auf Key West und begibt sich nur zu besonderen Anlässen ins frostige Deutschland. Unsere Hochzeit ist so ein Anlaß, und deshalb wollen wir die Gelegenheit nutzen, ihm den Abend zu versüßen. Der Arme hat schließlich keine Kinder, verheiratet ist er auch nicht, die einzige Freude seines Alters ist Geld. Viel Geld. Also kümmern Sie sich um den Mann. Wenn Sie es nicht tun, tut es Ihre Schwester!

P wie Paarprobleme Hochzeitsfeiern sind wahre Kontaktbörsen. Da treffen gutgekleidete, fröhliche Menschen aufeinander, es wird getanzt und getrunken, und zu fortgeschrittener Stunde kommt man sich näher: Die Cousine dem Bierzapfer, die Schwiegermutter dem Trauzeugen, der Barkeeper den Brautjungfern. Im besten Fall endet das in einer fulminanten Orgie, in der Regel aber führt es zu Blut, Schweiß und Tränen, weil einer der Beteiligten verheiratet oder sonstwie vergeben ist. Bei akuten Beziehungskrisen sollte das Brautpaar schlichten. Reichen Sie Schnaps und Tempotaschentücher. Lächeln Sie nicht. Man könnte das als Schadenfreude mißverstehen.

Q wie Quartier Auch wenn sie es sich vorher fest vorgenommen haben: Die wenigsten Gäste sind nach der Hochzeitsfeier in der Lage, sich ins Auto zu setzen, um nach Hause zu fahren. Wenn möglich, sollten Sie für alle, die kein Hotelzimmer in der Nähe gebucht haben, eine Art Notquartier bereithalten (Scheune, Hotelwaschküche, Tiefgarage). Wenn nicht, verteilen Sie übriggebliebene Schnapsleichen auf die Besucherritzen der Gäste mit Festbuchung. Verschonen Sie niemanden. Außer dem Brautpaar.

R wie Räumlichkeiten Das Vereinsheim des FC Klein Krumbach hat sicher Vorteile: Die Wände sind abwaschbar, das Bier ist billig, und die Gäste müssen sich über ihre Garderobe keine Gedanken machen. Ob so ein Ambiente allerdings den richtigen Rahmen für den schönsten Tag unseres Lebens abgibt? Ich würde einen Landgasthof in Oberbayern entschieden vorziehen. Krachlederne Kellner, dirndelnde Bedienungen, und oans, zwoa, gsuffa! Na ja, ich geb's ja zu, das ist auch nicht jedermanns Sache. Vielleicht doch lieber den Ballsaal im Schloßhotel? Oder unter Kokosnüssen im Tropenhaus des Palmengartens? Die beste Lösung für alle, die sich nicht entscheiden können: Mehrmals im Leben heiraten und alles ausprobieren!

S wie Streit Es macht einfach keinen guten Eindruck auf Ihre Gäste, wenn Sie dem Bräutigam vor versammelter Mannschaft den IQ einer Strickjacke bescheinigen. Selbst wenn es zutrifft: Sie haben noch so viele Jahre vor sich, in denen Sie Ihren Gatten nach Herzenslust beschimpfen dürfen – da wäre es doch schade, wenn Sie sich auf Ihrer Hochzeit mit unnötigen Streitereien die Laune verderben würden.

T wie Tiefdruckgebiet «Wenn es regnet am Altar, bringt das Glück für viele Jahr», besagt eine alte Volksweisheit, und die kann uns, gelinde gesagt, gestohlen bleiben. Am schönsten Tag in unserem Leben hat es gefälligst nicht zu regnen, auch wenn das hundertmal reichen Kindersegen verheißt. Leider ist man gegen Tiefdruckgebiete relativ machtlos, weswegen die Hochzeit sinnvollerweise in einer Jahreszeit mit geringen Niederschlagsmengen stattfinden sollte. Juli und August sind in dieser Hinsicht vielversprechend, und wer sein Fest im Freien begehen möchte, sollte auf den Hochsommer warten. Wer glaubt, er müsse unbedingt im Mai heiraten, hat es nicht besser verdient.

U wie Unkosten Wer reiche Eltern hat, muß sich keine Sorgen machen: Die durchschnittliche deutsche Hochzeit kostet schlappe 20 000 Mark, und das zahlen die Alten doch aus der Portokasse. Pech, daß meine Eltern nicht so wohlhabend sind und außerdem die Ansicht vertreten, daß der finanziellen Verpflichtungen mit dem Geld, das sie in meine Ausbildung investiert haben, Genüge getan sei. Dagegen läßt sich leider nichts einwenden. Aber wo soll man aus dem Stand 20 000 Mark hernehmen? Früher war das einfacher. In Süddeutschland beispielsweise gab es die schöne Tradition der Zahlhochzeit, bei der jeder Gast seine Zeche selber zahlte. Richtiggehend lukrativ war die Gebehochzeit: Jeder Gast mußte dem Paar ein Geldgeschenk überreichen, und je zahlreicher die Gäste, desto größer der Gewinn. Inzwischen ist dieses Verfahren etwas aus der Mode gekommen, und deshalb sollten wir ab sofort jeden Monat eine feste Summe für unsere Hochzeit zurücklegen. Bei 200 Mark monatlich können wir mit unseren Ersparnissen im Jahr 2006 ein wunderschönes Fest bestreiten!

V wie Video Fotos sind eine Sache. Aber wieviel schöner ist es doch, wenn man sein Hochzeitsfest auf einem Videofilm verewigt! Wenn es in Ihrem Freundeskreis einen begeisterten Hobbyfilmer gibt, sollten Sie ihn für diese Aufgabe verpflichten. Kleine Warnung am Rande: Die meisten Videokamerabesitzer nehmen ihre Aufgabe sehr ernst. Wenn Ihr Freund den Standesbeamten zum wiederholten Male auffordert, er möge doch bitte ins Mikrofon sprechen («Jawort, die Dritte»), sollten Sie ihn vorübergehend des Raumes verweisen.

W wie Walzer Die Sache mit dem Walzer hab ich mir für meine Hochzeit schon genau ausgemalt: Nach dem Essen und entzückenden Reden zu Ehren des jungen Glücks ist es soweit: Etwas widerstrebend erhebt sich der Bräutigam von seinem Platz – lieber würde er sitzen bleiben und ein Bier trinken. Doch da hat ihn die Braut auch schon an die Hand genommen, Musik ertönt, und wir drehen uns im Kreis. Das Tempo wird schneller, wir lachen uns an mit erhitzten Gesichtern, wir schwingen im Takt und schweben zum Himmel, ich bin so verliebt wie nie zuvor. «Seht nur, wie glücklich sie sind», werden sie sagen, und alle Tanten sollen weinen.

Leider kann mein Freund – wie so viele Männer – überhaupt nicht tanzen. Da werden wir wohl noch ein bißchen üben müssen.

Z wie zu guter Letzt … sollte man sich nicht verrückt machen. Die Hochzeit wird mit Sicherheit ein Erfolg, und sämtliche Pannen, die sich trotz sorgfältigster Planung ereignen, taugen später als heitere Anekdoten, mit denen Sie in den kommenden fünfzig Jahren Ihre Kinder und Kindeskinder erfreuen können.

«*Wehe, du schläfst jetzt ein!*»

Die Hochzeitsnacht

Du willst *was*?» stöhnte Tim und vergrub seinen bleiernen Schädel in das weiche, weiße Kopfkissen, nach dem er sich in den letzten zwei Stunden so inbrünstig gesehnt hatte. Vielleicht hatte er sich ja verhört und würde in wenigen Minuten sanft und störungsfrei in den erlösenden Schlaf gleiten dürfen. Aber nix da: «Ich würde jetzt wahnsinnig gerne mit dir schlafen», säuselte Britta unmißverständlich in seine Ohrmuschel, wobei sie ihre Hüften in unzüchtiger Weise auf seinem Becken plazierte. «Hat das nicht bis morgen Zeit», fragte Tim, während er der Gattin Hüfte beidhändig von seinem Unterleib zu entfernen versuchte. Es war vier Uhr morgens, in seiner Blutbahn rotierte zirka ein Liter reiner Alkohol, und die bloße Vorstellung jener rhythmischen Bewegungen, die mit dem Geschlechtsakt einhergehen, ließ seinen Magen um Gnade winseln. Britta hingegen schien trotz der fortgeschrittenen Stunde erscheckend munter. «Es ist unsere Hochzeitsnacht, du Schnarchnase, und du schläfst jetzt gefälligst mit mir!» fauchte sie wütend und zerrte an Tims Bettdecke. An Schlaf war nicht mehr zu denken. «Jetzt hör mir mal gut zu, mein entzückendes Hasenschnäuzchen ...» Tim versuchte seines aufkeimenden Ärgers Herr zu werden. «Wir sind seit gut vier Jahren zusammen, und rein statistisch gesehen hatten wir an 1460 Nächten die Möglichkeit, miteinander zu schlafen. Sollten wir, wie geplant, die nächsten vierzig Jahre miteinander verbringen, macht das weitere 14 600 Nächte, in denen wir hemmungslos der Wollust frönen können. Warum also, in Gottes Namen, muß es ausgerechnet heute sein?» Sprach's, zog sich die Bettdecke über den Kopf und ließ das nun folgende Donnerwetter stumm über sich ergehen.

Kein wirklich gelungener Einstieg für ein gemeinsames Eheleben, finde ich. Aber leider keineswegs ein ungewöhnlicher. Britta ist beileibe nicht die einzige Frau in meinem Bekanntenkreis, die an ihrer Hochzeitsnacht keusch und einsam in ihr Kopfkissen schluchzte, um ihren Freundinnen am nächsten Tag wutschnaubend von «dieser totalen Pleite» zu berichten. Nicht, daß sie in jener Nacht ein unstillbares Verlangen nach Sex gehabt hätte. Aber aus Brittas Sicht gehörte der erste eheliche Beischlaf nun mal zu den unverzichtbaren Ritualen einer Heirat. Immerhin gelte die Ehe doch traditionell erst dann als vollzogen, wenn sich das Paar in aller Form beschlafen hat, behauptete sie, und notfalls müsse man sich halt dazu zwingen.

Zwecklos, einen Mann von dieser Notwendigkeit zu überzeugen. Auch wenn die Braut sämtliche Register zieht – wenn sie, wie es der Anlaß gebietet, frisch geölt und gesalbt, nach Ambra und Zedernholz duftend, mit champagnerfarbenen Strapsen und frisch enthaarter Bikinizone unters Plumeau krabbelt – der Alkohol macht den Mann gegen jedwede Verlockung resistent.

Früher war das alles anders. Da wurde nicht gleich beim zweiten Rendezvous miteinander ins Lotterbett gehüpft, sondern höchstens mal ein keuscher Kuß auf die mädchenhafte Stirn der Zukünftigen gehaucht. Die Verlobungszeit diente dazu, den Bräutigam in haltlose Geilheit zu versetzen, und in der Hochzeitsnacht hat er den Teufel getan, einfach so mir nichts, dir nichts in den Tiefschlaf zu sinken. Ob die damaligen Bräute von ihrer Gatten nächtlichem Einsatz begeistert waren? Es darf bezweifelt werden. Wenn alles seine Richtigkeit hatte, gingen die armen Geschöpfe nämlich gänzlich unberührt und ahnungslos in die Ehe. Schon Wochen vorher stand das Unaussprechliche zwar irgendwie im Raum, aber außer einem beherzten «Du mußt dich fügen, Kind, dein Mann hat ein Recht darauf!» seitens der Mutter und ein paar nebulösen Hinweisen aus dem Munde des Pfarrers hatte die Braut keinen Schimmer, was sie da erwartete. In der Hochzeitsnacht saß sie im hochgeschlossenen Leibchen und mit zitternden Knien am Bettrand, bis sich, o Graus, eine haarige Pranke auf den jungfräulichen Schenkel legte und das Schicksal seinen Lauf nahm. Am nächsten Morgen wurde dann ein blutbeflecktes Laken aus dem Fenster gehängt, und allüberall herrschte eitel Freude. Die Braut mal ausgenommen.

Ist es das, was wir wollen? Wohl eher nicht! Da lassen wir uns doch lieber mit siebzehn auf einem südfranzösischen Campingplatz von einem schmucken Volleyballer entjungfern und nutzen die folgenden zehn Jahre, um unserem Erfahrungsschatz ein bis zwei Dutzend Liebhaber einzuverleiben. Als Jungfrau geht heutzutage jedenfalls kaum mehr eine Frau in die Ehe. Zumindest nicht in

Deutschland. In den USA gibt es ja seit einiger Zeit einen gegenläufigen Trend, der unter dem verheißungsvollen Namen «True love can wait» (Wahre Liebe kann warten) firmiert. Ins Leben gerufen wurde diese Bewegung von einem Baptistenpfarrer aus Tennessee, der seine Schäfchen davon überzeugen will, daß es sich beim Sex um ein Geschenk Gottes handelt, das einzig für den heiligen Stand der Ehe vorgesehen sei. Klingt extrem anachronistisch, wurde aber von den verantwortungsbewußten Mittelklasse-Kids ähnlich begeistert angenommen wie Arnold Schwarzenegger und koffeinfreie Cola. Mit Unterstützung Bill Clintons, der diesen Trend begrüßt, und dem «True love can wait»-Ratgeber-Set (15,95 Dollar plus Versandkosten) haben inzwischen Tausende amerikanischer Teenager den Versuchungen des Teufels erfolgreich widerstanden.

Amerika halt. Muß man nicht weiter ernst nehmen. So was könnte sich bei den sinnesfrohen bundesdeutschen Bürgern nie durchsetzen. Was zur Folge hat, daß die Hochzeitsnacht in unserem Kulturkreis zu völliger Bedeutungslosigkeit verkommen ist. Ich habe mir wirklich Mühe gegeben, konnte aber trotz eifriger Recherchen kein einziges lebendes Brautpaar auftreiben, das in seiner Hochzeitsnacht den ehelichen Beischlaf vollzogen hat. Sylvie und Stefan zum Beispiel waren beide derart blau, daß sie sich am nächsten Morgen komplett bekleidet auf zwei schwere Sessel verteilt im Eingangsbereich ihrer Hochzeitssuite wiederfanden. Nina und Karsten verbrachten die gesamte Nacht mit Aufräumarbeiten, weil sie das partytaugliche Gewächshaus im botanischen Garten am nächsten Morgen Punkt zehn gewienert und geputzt an den zuständigen Hausmeister übergeben mußten. Geschlafen wurde in dieser Nacht überhaupt nicht, geschweige denn miteinander. Hübsch ist auch die Geschichte von Tina und Jochen, deren Hochzeitsnacht in einem saftigen Streit unterging, weil Jochen sich auf Grund alkoholbedingten Schwindels weigerte, seine Gattin über die Schwelle zu tragen. «Du findest mich wohl zu fett!» rief Tina erbost, ein Wort gab das andere, und weil Frauen, was ihre Figur betrifft, extrem empfindlich sind, wollte in jener Nacht keine rechte Stimmung mehr aufkommen.

Für romantisch veranlagte Menschen wie mich ist das nicht gerade ermutigend. Aber man muß den Tatsachen eben frühzeitig ins Auge blicken, um etwaige Erwartungen auf ein realistisches Maß runterzuschrauben. Ein bißchen schmusen, ein wenig kuscheln, und ab in Morpheus' Arme. Auch damit kann man schließlich leben.

Wenn es überhaupt so weit kommt. Die Tradition gebietet es nämlich, daß ein paar unverbesserliche Spaßvögel dem Brautpaar durch allerlei lustige Streiche den Weg zum ehelichen Lager erschweren. Der Phantasie sind dabei keine Grenzen gesetzt: Knoblauch in die Zahnpasta füllen, Senf auf die Unterseite der Türklinken schmieren, den Lattenrost aus dem Bett entfernen, Kaliumpermanganat in den Duschkopf füllen, Goldfische in der Badewanne aussetzen, den Toilettensitz unter der Brille mit Klarsichtfolie beziehen – erlaubt ist, was gefällt. Das Brautpaar findet diese Scherze nicht immer witzig, zumal die beiden rechtschaffen müde sind und den Liebesakt, wenn überhaupt, ohne Verzögerung und Komplikationen hinter sich bringen wollen. Ein paar

Goldfische in der Badewanne ließen sich ja ganz gut verkraften (es sei denn, er ist ein echter Tierfreund, und sie merkt es erst, *nachdem* sie die Tierchen in der Toilette runtergespült hat). Auch ein knallblauer Wasserstrahl in der Dusche ist kaum der Rede wert. Richtiggehend boshaft aber war die Aktion, der meine Kollegin Katrin samt Gatten zum Opfer fiel. Ein paar Freunde hatten sich, nachdem das Brautpaar am Hochzeitsmorgen in Richtung Kirche aufbrach, zu deren Wohnung begeben und die Eingangstür fachmännisch zugemauert. Dieser Vorgang wurde mit einer Videokamera gefilmt und abends auf der Hochzeitsfeier als humoristische Einlage präsentiert. Katrin und Theo klammerten sich an die schwache Hoffnung, dies sei ein schlechter Witz, und nachdem die Mauer hochgezogen war, habe man sie flugs wieder niedergerissen. Weil sie aber ihre Freunde kannten, mochten sie an ein gutes Ende nicht glauben und waren während der gesamten Feier sehr besorgt. Zu recht, wie sie morgens um halb drei angesichts der Backsteinmauer feststellen mußten. Freundlicherweise hatten die Freunde aber eine Nachricht mit dem Hinweis hinterlassen, daß das Brautpaar in der Scheune des Huber-Bauern übernachten könne, dort sei ein gemütliches Lager für sie hergerichtet, der Huber wisse Bescheid. Und weil weit und breit weder Hotels noch nette Bekannte erreichbar waren, schliefen die beiden schließlich mit ungeputzten Zähnen in Hochzeitskleid und Smoking auf stacheligen Strohballen. Daß Katrin unter Heuschnupfen litt, wußten die Freunde. Aber Spaß muß halt sein.

«Liebling, ich hab Durchfall»

Abenteuer Hochzeitsreise

Geschafft! Nach monatelanger Arbeit, nach psychischen und physischen Exzessen, einer unvergeßlichen Feier und stundenlangen Aufräumarbeiten liegt die Hochzeitsfeier nun theoretisch hinter uns. Die Geschenke sind gesichtet, das Brautpaar ist endlich wieder nüchtern, nun wäre es an der Zeit, die Gedanken zu ordnen und sich langsam, aber sicher auf den ehelichen Alltag einzulassen. Ein Ding der Unmöglichkeit, wenn man bedenkt, daß die frischgebackenen Eheleute bei all der Aufregung der letzten Wochen durchgehend unter dem Einfluß höchst wirksamer körpereigener Opiate standen und in Ermangelung ihrer täglichen Endorphin-Dosis umgehend in tiefe Depressionen verfallen würden.

Um diesem seelischen Kater vorzubeugen, haben unsere Vorfahren einst die Flitterwochen erfunden – eine Tradition, die sich bis zum heutigen Tage großer Beliebtheit erfreut. Auf den ersten Blick macht die ganze Geschichte Sinn: Bevor es endgültig zur Sache geht und eine romantische Liebe über vollen Aschenbechern und ungeputzten Waschbecken zur stinknormalen Beziehung zusammenschnurrt, wird dem Brautpaar eine Schonzeit zugebilligt, in der all die großen Gefühle ein letztes Mal störungsfrei zelebriert werden können. Endlich haben die beiden Zeit füreinander, können sich von den Strapazen der Hochzeit erholen und in dem frischbezogenen King-Size-Bett einer venezianischen Hochzeitssuite den Freuden des ehelichen Beischlafs frönen.

Gut gemeint, keine Frage. Eine gewichtige Tatsache wird im Zusammenhang mit den Flitterwochen jedoch gern unterschlagen: Urlaubsreisen sind traditionell hoffnungslos mit Erwartungen überfrachtet: Meditative Entspannung, gleißender Frohsinn, Abenteuer, Kultur und Bildung, Kontakte zu interessanten Einheimischen. Da geht jeder Urlaub ächzend in die Knie, und die Flitterwochen machen da keine Ausnahme, im Gegenteil: Die Hochzeitsreise hat per Definition zentnerschwer romantisch zu sein. Wissend lächelnde Reisekauffrauen, bemühte Stewardessen, zu Tränen gerührte Rezeptionisten, schluchzende Portiers, verzückte Kellner, die augenzwinkernd Schwertfisch «Diabolo» servieren, und allüberall glitzert das Kerzenlicht – am besten schon zum Frühstück.

Wir alle wissen, daß es nicht so ist. Statt in der versprochenen Hochzeitssuite landet man – Buchungsfehler – in einem stickigen Kabuff mit Blick auf die hoteleigene Mülldeponie. Das King-Size-Bett – wenn vorhanden – lädt zwar auf den ersten Blick zu erotischen Exzessen ein, erweist sich aber bei näherem Hinsehen als klassischer Liebestöter: Die Matratze knarzt, das Bettzeug – eine Kombination aus frischgebügeltem Laken und rostbrauner Synthetikdecke – ist so unverrückbar unter der Matratze verankert, daß gerade noch genügend Spielraum zum Händchenhalten bleibt. Und was das bemühte Personal betrifft: Ende August hat es von den Sonderwünschen romantisierter Feriengäste derart die Schnauze voll, daß es ihnen die gutgekühlten Champagnerflaschen am liebsten kommentarlos über den Schädel ziehen würde.

Einige Frischgetraute verzichten aus diesen Gründen auf die Hochzeitsreise und beschließen, die großzügigen Geldgeschenke der Verwandtschaft lieber in eine neue Couchgarnitur zu investieren. Eine Entscheidung von geradezu visionärer Weisheit, die aber gern von einem Pulk «guter» Freunde sabotiert wird: «Überraschung!» flötete die beste Freundin meiner damaligen Kommilitonin Theresa und überreichte ihr einen DIN-A3-Umschlag, in dem sich bedrohlich zwei Bahntickets und weitere Reiseunterlagen abzeichneten. «Das wäre doch wirklich nicht nötig gewesen», stammelte Theresa angesichts eines langen Wochenendes auf Amrum für zwei Personen. Ein Grundgedanke, den Lothar, Theresas Angetrauter, drei Wochen später – die Nase im peitschenden Nordseesturm – aufgriff und im Sinne einer konfliktorientierten Argumentation weiterführte. Er, Lothar, habe Theresas beste Freundin noch nie besonders leiden können und würde eigentlich gern mal wissen, warum er sich jetzt in der von ihm bekanntermaßen wenig geschätzten salzhaltigen Luft einen abfrieren müsse.

Theresa und Lothar haben diese frühe Krise noch in den Griff bekommen, aber natürlich war das lange Wochenende auf Amrum kein gelungener Auftakt einer langen Ehe und schon gar kein Honeymoon im klassischen Sinne.

Auch ohne unerwünschte Präsente guter Freunde machen Jungvermählte folgenschwere Fehler bei der Wahl ihres Reiseziels. Statt ihrem natürlichen Instinkt zu folgen und intelligent gewählte Urlaubsziele aufzusuchen (Dublin, Komoren, Hammerfest), gehen sie dem kitschigen Klischee der Hochzeitsreise venezianischer Prägung auf den Leim und entscheiden sich für vermeintliche Klassiker, zum Beispiel Hawaii. Dorthin verschlug es meine Kollegin Judith, die mit dem Schlüsselwort «Waikiki» offenbar nächtliche Spaziergänge an menschenleeren Stränden und nie geahnte Liebesnächte in Bambushütten assoziiert hatte. Zwei Wochen später, elftausend Mark ärmer, dafür irgendwie nüchterner wirkend, entlud sich Judiths Desillusionierung in einer wüsten Schimpfkanonade, aus der ich nur noch diese Wortfetzen erinnere: «Miese Abzocke, drückende Schwüle, Sonnenallergie, ekelhafter Fraß, und mein Göttergatte hatte nichts Besseres zu tun, als diesen drittklassigen Ami-Schlampen hinterherzuspechten.»

Nicht, daß Judith über die visuellen Neigungen ihres Gatten nicht aufgeklärt gewesen wäre. Aber fern der Heimat steigt selbst bei den überzeugtesten Turteltäubchen ein unangenehmes Gefühl der Fremdheit hoch, weil im Prinzip bekannte Facetten des anderen im Urlaub mit einer Penetranz ans Licht drängen, die im Halbschatten des Alltäglich-Verborgenen besser aufgehoben waren. Nichts ist zum Beispiel erschütternder, als einen selbstbewußten, eloquenten Mann in einer italienischen Apotheke stotternd und in schlechtem Englisch nach einer Packung Kondome verlangen zu sehen. Oder zu entdekken, wie bescheuert er in kurzen Hosen aussieht und daß er allen Ernstes ein Paar braune Sandalen besitzt. Zu

Hause tanzt er nie, warum also muß er ausgerechnet in dieser griechischen Strandkneipe vor den Augen einheimischer Ouzo-Trinker seine Sirtaki-Talente erproben? Während einer Hochzeitsreise können solche Verhaltensauffälligkeiten eine junge Liebe nachhaltig erschüttern und nicht selten die sofortige Trennung zur Folge haben. «Als Harald die beiden Rentner aus Wuppertal mit in die Gondel lud, weil er damit unseren Fahrpreis von 30 000 auf 24 000 Lire drücken konnte, hatte ich schon einen Kloß im Hals», erzählte mir meine Nachbarin Heike. «Als er dann die ganze Fahrt auf den Rentner einredete, mit dem Italiener müsse man knallhart verhandeln, da konnte ich nicht mehr. Kurz hinter der Rialto-Brücke bin ich ausgestiegen und zum Hotel zurückgerannt.» Ja, das kann passieren. Da liegt man bäuchlings auf dem Hotelzimmerbett – aber nicht so, wie wir uns das vorgestellt hatten, sondern vom Heulkrampf geschüttelt und einem einzigen Gedanken nachhängend: Wen habe ich da nur geheiratet.

An dieser Stelle muß man sich natürlich fragen, warum die Hochzeitsreise traditionsgemäß erst nach der Eheschließung stattfindet. Wäre es nicht viel logischer, daß jedes heiratswillige Paar ein, zwei Monate vor der Hochzeit miteinander verreist, um herauszufinden, ob es die heimlichen Schwächen und Marotten des anderen ertragen kann? Schön ist diese Vorstellung natürlich nicht – nach drei Wochen Teneriffa kehren die beiden von der Hochzeitsreise zurück und geben sich am Flughafen höflich die Hand: «Das mit den Absagen geht klar, ich übernehm das, du mußt nur noch den Ballsaal und das Buffet stornieren», sagt er, während sie krampfhaft überlegt, wie sie es ihren Eltern beibringen soll. Immerhin ist eine abgesagte Hochzeit allemal besser als eine verkorkste Ehe, deshalb sollte man die Flitterwochen meiner Meinung nach entsprechend terminieren.

Für Paare, die vor der Heirat schon längere Zeit zusammen waren, erübrigt sich das natürlich. In den letzten Jahren sind die beiden mehrfach gemeinsam verreist und hatten somit Gelegenheit, sämtliche Macken des anderen in ihrer ganzen erbarmungslosen Vielfalt kennenzulernen.

Zu den schlimmsten männlichen Urlaubseigenschaften gehört bekanntlich die Pflege von Hobbies. Frauen haben keine Hobbies, sie brauchen auch keine, weil sie sich mit einem Stapel guter Bücher und gelegentlicher Ansprache zwei bis drei Wochen prächtig amüsieren können. Weil aber Männer ungern reden und der Sportteil der Bild-Zeitung nicht ewig vorhält, müssen sie sich anderweitig beschäftigen und nehmen deshalb ihre Hobbies in die Ferien mit. Nun könnte natürlich jeder, wie üblich im Urlaub, seinen eigenen Interessen nachgehen, aber «mein Gott, es ist immerhin unsere Hochzeitsreise», und so steht denn das gemeinsame Erleben an erster Stelle auf dem täglichen Programm. Notgedrungen, und weil sie ihn nicht enttäuschen möchte, begibt sich die junge Ehefrau nun in den Windschatten ihres aktionistischen Gatten. Ächzt per Mountainbike in der Mittagshitze über steile Gebirgspässe, lernt jeden toskanischen Weinbauern mit Vornamen kennen, durchstöbert an seiner Seite niederösterreichische Bauernhöfe, weil er nach antiken Schnäppchen giert. Eine Woche mag das gutgehen, dann weicht die weibliche Toleranz einem ausgewachsenen Tobsuchtsanfall.

Die umgekehrte Variante verheißt ähnlich unerfreuliche Konsequenzen: Weil er Katrins Leidenschaft für kilometerlange Sandstrände kannte, hatte sich Theo anläßlich der Hochzeitsreise zu zwei Wochen Malediven überreden lassen, «Hauptsache, du bist glücklich, Schatz!» Die Folgen dieser bewundernswerten Selbstlosigkeit schilderte Katrin nach ihrer Rückkehr äußerst anschaulich: Am vierten Tag ihres Aufenthalts lag sie wie immer regungslos und völlig entspannt mit einem dicken Buch auf dem Badehandtuch, während Theo verzweifelt nach einer sinnvollen Beschäftigung suchte. Die Gegend hatte er gestern schon erkundet, auch Burgen hatte er mehrere gebaut, und wie er da so saß und kleine Holzstöckchen in seine Zehenzwischenräume bohrte, muß sich eine tiefe Verzweiflung seines Herzens bemächtigt haben. «Ich fiel aus allen Wolken, als er plötzlich mit verzerrtem Gesicht losgiftete», erzählte Katrin, «unglaublich, was der mir alles an den Kopf geworfen hat.» Nur ihretwegen sitze er hier in dieser Knallhitze, immer setze sie ihren verdammten Dickschädel durch, im übrigen schulde sie ihm noch 1200 Mark für die Flugtickets, aber es sei ja nicht das erste Mal, daß sie versuche, ihn zu bescheißen!

Die Sache ging glimpflich aus. Katrin gab ihren wutschnaubenden Gatten in die Hände eines erfahrenen Tauchlehrers und nahm fortan Abend für Abend einen gutgelaunten Froschmann in Empfang, mit dem sie dann bis Mitternacht in stiller Eintracht den Sternenhimmel bewunderte.

Aber so ist das nun mal: Dinge, die während eines normalen Urlaubs zu leichtem Unmut führen, letztlich aber mit einem versöhnlichen Augenverdrehen angemessen gewürdigt sind, können bei der Hochzeitsreise echte Krisen heraufbeschwören. Am besten beugt man dem vor, indem man für die Flitterwochen einen gut abgehangenen Kompromiß aushandelt: ein bißchen Sport, ein wenig Kultur, ausreichend Strand, jede Menge Sex – jene Mischung eben, die sich in den Urlauben zuvor bestens bewährt hat. Ich habe mit Patrick schon einige höchst gelungene Urlaube verbracht, und die Tatsache, daß wir uns kein einziges Mal ernsthaft gestritten haben, läßt mich der künftigen Hochzeitsreise mit einer gewissen Gelassenheit entgegenblicken.

Manchmal sind es dann die höheren Mächte, die einem einen Strich durch die Rechnung machen. Ein nordatlantischer Tiefausläufer beispielsweise, der es sich für zwei Wochen über dem entzückenden Hotel an der Côte d'Azur gemütlich macht (was immerhin den Vorteil hat, daß man den Programmpunkt Sex in aller Ausführlichkeit absolvieren kann). Ein paar tückische Keime, die in dem köstlichen Glas Mangosaft lauern und den Gatten auf Ko Samui eine Woche lang zwischen Krankenlager und Kloschüssel pendeln lassen.

Bei Tina und Jochen war es ein aufgebrochenes Auto, das ihr Flitterwochenidyll am ersten Urlaubstag zu zerstören drohte. «Wir waren nur kurz ausgestiegen, um eine kleine Kirche zu besichtigen, und zehn Minuten später hatten die uns die Karre leergeräumt!» Tina stand kurz vorm Nervenzusammenbruch: Koffer, Kamera, sämtliche Klamotten, alles war weg und der Urlaub in ihren Augen gelaufen. Jochen sah sich die Sache an, nahm seine schluchzende Ehefrau an die Hand, setzte sie in einem Straßencafé ab und kam nach einer Viertelstunde mit einer Einkaufstüte an ihren Tisch. «So schnell lassen wir beide uns doch nicht unterkriegen», verkündete er mit breitem Grinsen und zog zwei Zahnbürsten aus der Tüte. «In diesem Augenblick wußte ich, daß ich den wunderbarsten Mann der Welt geheiratet hatte», sagte Tina, als sie die Geschichte später erzählte. Die beiden liefen zwei Wochen lang in den gleichen Klamotten durch den südfranzösischen Strandort, und außer den zwei Zahnbürsten kauften sie sich nur eine kleine Kamera mit Selbstauslöser, um ihre Flitterwochen für die Nachwelt zu dokumentieren. Tina hat mir die Fotos gezeigt. Auf allen sieht man dasselbe Motiv: die beiden glücklichsten Menschen der Welt.

«Dein grüner Sessel gehört auf den Sperrmüll!»

Zwei Geschmäcker – eine Wohnung

Der Tisch stand im Schaufenster eines kleinen Antiquitätenladens in der Hamburger Innenstadt. «Laß uns mal reingehen», sagte Patrick und steuerte zielstrebig auf das edle Stück zu. Dunkles Holz, angenehm abgenutzt – ein Traum von Tisch, an dem man problemlos eine Fußballmannschaft samt Ersatzspielern abfüttern könnte. «Wenn wir irgendwann mal zusammenziehen, müssen wir uns unbedingt so ein Teil zulegen», verkündete er und strich mit der flachen Hand liebevoll über die löchrige Tischplatte.

«Klar, Patrick, kein Problem», sagte ich mit Blick auf das diskret verborgene Preisschild, das an der hinteren Schublade baumelte. «6000 Mark – das zahlen wir doch aus der Portokasse.»

Patrick sah mich verwundert an. «Wieso? Den könnten wir uns doch von unseren Eltern zur Hochzeit schenken lassen.»

Zur *was*? Hatte Patrick gerade Hochzeit gesagt? Ich konnte es einfach nicht glauben. Innerlich stieß ich einen Triumphschrei aus, versuchte mein unverschämt breites Grinsen mit einem Hustenanfall zu kaschieren und wankte glucksend Richtung Ausgang. Es gab keinen Zweifel: Der Mann an meiner Seite wurde langsam mürbe. Nach wochenlangen Bemühungen und penetranten Anspielungen in Sachen eheliches Glück kam endlich ein Zeichen. Nicht nur nahm er das Wort Hochzeit in den Mund, ohne zu stottern – nein, er vollbrachte auch noch die beachtliche Transferleistung, das theoretische Konzept Heirat in seinen praktischen Konsequenzen zu reflektieren: Zusammenziehen, Tisch schenken lassen – einfach unglaublich!

Selbstverständlich habe ich das Thema an diesem Nachmittag nicht mehr erwähnt. Männer müssen von allein merken, was gut für sie ist. Patrick war auf dem Weg der Erkenntnis, der Rest nur noch eine Frage der Zeit. Trotzdem hat mich die ganze Sache ziemlich beschäftigt. Bislang war ich, wenn ich ans Heiraten dachte, nur selten über die Hochzeit selbst hinausgekommen. Das Fest, die Freunde, der gesamte Fun-Faktor eben, alles Themen, mit denen ich mich schlagartig in Hochstimmung versetzen konnte. Daß man hinterher verheiratet war und richtig zusammenleben mußte, hatte ich erfolgreich verdrängt.

Seit Anbeginn unserer Beziehung wohnen Patrick und ich in zwei hübschen Wohnungen, die etwa fünf Kilometer voneinander entfernt sind. Wenn wir Sehnsucht nacheinander haben – was etwa 24 Stunden am Tag der Fall ist –, besuchen wir uns gegenseitig. Frühstück bei ihm, ein Essen mit Freunden bei mir, das Wochenende ist Verhandlungssache. Natürlich leben wir irgendwie zusammen – mal in seiner, mal in meiner Wohnung. Aber die Tatsache, daß ich bei Bedarf meine Ruhe haben kann, daß ich ihn vor die Tür setzen kann, wenn er in meinem Badezimmer sein Mountainbike schrubben will, oder einfach meine Tasche schnappe, weil mich das Abstiegsspiel von St. Pauli einen Dreck interessiert, fand ich immer äußerst beruhigend.

Dieser himmlische Zustand läßt sich nach der Hochzeit natürlich nicht aufrechterhalten. Es soll zwar Ehepaare geben, die weiterhin in getrennten Wohnungen leben, aber da frage ich mich doch, warum die überhaupt aufs Standesamt marschiert sind. Wenn man schon etwas so überaus Altmodisches tut wie heiraten, dann muß man gefälligst die Konsequenzen ertragen!

Wobei es völlig egal ist, ob man das Projekt Zusammenziehen nun vor der Hochzeit oder erst danach in Angriff nimmt. Tatsache ist, daß die Etablierung eines gemeinsamen Lebensraums die erste beinharte Belastungsprobe für das junge Glück darstellt. Zum einen muß das Paar nämlich eine Wohnung finden, die beiden Parteien gleichermaßen behagt, zum anderen müssen die kompletten Haushalte von zwei erwachsenen Menschen miteinander vereint werden – ein Vorgang, der es an Brisanz locker mit der Fusion zweier konkurrierender Großunternehmen aufnehmen kann.

Die Sache mit der Wohnungssuche könnte man sich natürlich rein theoretisch auch sparen. «Weißt du was, Katrin, wir machen uns da gar keinen Streß», sagte Theo, als die beiden ein halbes Jahr vor der Hochzeit das erste Mal über ihr künftiges Zusammenleben nachdachten. Seine Argumentation klang durchaus plausibel: Er habe eine geniale Wohnung, groß, geräumig, frisch renoviert, es wäre doch Unsinn, die aufzugeben, deshalb sollte Katrin einfach ihre Siebensachen packen und in sein Heim übersiedeln. Warum nicht, dachte sich Katrin, die ohnehin wenig Lust verspürt hatte, jede Woche zu zehn Besichtigungsterminen zu hetzen, um an der Seite ihres zukünftigen Gatten geldgierige Immobilienmakler zu becircen. Selbstverständlich war es völlig zwecklos, daß wir, ihre wohlmeinenden, besserwisserischen Freundinnen, sie eindringlich warnten. «Das geht nie gut», verkündeten wir und tischten zentnerweise Argumente auf: daß zwei Menschen sich in einer Wohnung gleichberechtigt fühlen müssen, daß sie sein Stadtviertel bislang oberspießig fand, daß ihre zarten Füße fortan auf beige-braunem Verloursteppich wandeln mußten. Alles umsonst. So blieb uns denn nichts, als abzuwarten und den stillen Triumph auszukosten, als die beiden nach acht Wochen trauter Zweisamkeit das erste Mal ihren Hochzeitstermin absagen wollten. «Ebensogut hätte ich mit meinem Vater zusammenziehen können», wetterte Katrin, als sie eines Abends wutschnaubend bei Sylvie um Obdach bat. Ständig würde Theo sie bevormunden («Nein, Schatz, die Suppenterrine gehört in den Wohnzimmerschrank»), sie komme sich vor wie ein Eindringling («Machst du bitte die Tür zu, wenn du mit deiner Mutter telefonierst»), und irgendwie könne sie sich in ihrem neuen Zuhause nicht mal frei bewegen («Warte, ich leg dir schnell die Wolldecke unter – deine Lederhose könnte aufs Sofa abfärben!»). Daß Katrin sich in seiner Wohnung nach wie vor als Gast fühlte, sah Theo ähnlich: Bis zum heutigen Tag habe seine Liebste nicht mitbekommen, daß er im Besitz eines Staubsaugers sei, und für Hausarbeiten jedweder Art fühle sie sich ganz offensichtlich nicht zuständig.

Als hätten wir es nicht laut und deutlich gesagt: Ein neues Leben – und nichts anderes ist die Ehe ja – verlangt auch nach einer neuen Wohnung. Und zwar nicht nur, damit hinterher gleiche Rechte und Pflichten für beide gelten, sondern weil einen der obligatorische Zoff beim Zusammenziehen für alle Zeiten krisenfest macht.

Die Wohnungssuche selbst gestaltet sich dabei noch vergleichsweise harmlos. Er will eine Wohnküche, sie einen Südbalkon, er besteht auf einen Keller, sie auf ein Arbeitszimmer. Er braucht einen Aufzug, sie einen Wochenmarkt um die Ecke, und schon haben sich die beiden auf eine bezaubernd sonnige Sechszimmerwohnung in Hamburg-Eppendorf geeinigt, die sie sich in diesem Leben nicht werden leisten können. Lange Diskussionen? Sind überflüssig. Meist genügt ein Blick auf den Mietspiegel, gefolgt von einem knappen Dutzend Maklerterminen, um Eintracht herzustellen: Drei Zimmer, Küche, Bad, und mit etwas Glück ist auch noch ein Balkon dabei, der bis neun Uhr morgens Sonne hat.

Sobald der Mietvertrag unterschrieben ist, beginnt der eigentliche Spaß: die Zusammenführung zweier kompletter Haushalte nämlich, in denen es selbstverständlich an nichts fehlt. Tische und Sofas, Bilder und Stehlampen, Kaffeemaschinen und Computer – alles ist ab jetzt in doppelter Ausführung vorhanden und soll auf 87 qm zweckmäßig und dekorativ verteilt werden. Das wäre an sich kein Problem, wenn wir zu unseren Einrichtungsgegenständen ein angemessen sachliches Verhältnis hätten, einen Suppenteller beispielsweise als Hilfsmittel bei der Nahrungsaufnahme betrachteten und ein Bett als bequemes Möbel, das der Nachtruhe und dem Beischlaf dient.

In diesem Fall würden wir den überflüssigen Teil unserer Bestände einfach ausmustern und die restlichen Möbel sinnvoll arrangieren.

Leider funktioniert dieses Prinzip in der Realität so gut wie nie. Dafür gibt es einen einfachen Grund: Wohnstile gehören seit jeher in die Abteilung Selbstdarstellung. Bildungsstand und Vermögensverhältnisse, Charakter und Geschmack – all das soll sich dem Betrachter unseres Heims an Hand der Wahl unserer Einrichtung in Sekundenschnelle erschließen. Weil aber Charakter und Geschmack selbst bei Menschen, die sich über alles lieben, selten übereinstimmen, ist der Ärger vorprogrammiert. Da treffen gemütvolles Blümchendesign auf metallenen Industrielook, englisches Mahagoni auf abgebeizte Buche, strahlendweiße Gardinen auf blankes Entsetzen. «Es ist ja nicht nun echt nicht so, als hätte ich einen übertriebenen Designerfimmel», sagte Britta, als sie und Tim kurz nach der Hochzeit eine gemeinsame Wohnung gefunden hatten. «Aber warum muß ich mit meinen zweiunddreißig Jahren, verdammt noch mal, mit einem Regal namens ‹Billy› leben?» Eine berechtigte Frage, zumal sie ihre Wohnung in Zukunft nicht nur mit ebenjenem Billy, sondern auch mit einem Bett namens Fridolin, einem Sofa namens Anneberg und einem Kleiderschrank namens Jörgen teilen sollte. Tims Vorliebe für Ikea-Möbel stammte noch aus den ersten Semestern seiner Studienzeit, und selbstverständlich war Britta davon ausgegangen, daß das verranzte Kiefernmobiliar ihres Gatten umgehend dem Sperrmüll übereignet würde. Nicht, daß man sie da falsch verstünde, sie habe überhaupt nichts gegen Ikea. Aber ihre eigenen Möbel seien ja wohl einen Tick edler, und gelegentlich würde sie auch Besuch von Kollegen kriegen, ob die es sich dann auf ‹Anneberg› gemütlich machen sollten? Tim murmelte damals etwas von «bourgeoiser Zicke», kam seiner Frau aber insofern entgegen, als er «Billy» mit einer Schicht Bienenwachslasur zu neuem Glanz verhalf und den dunkelroten Stoffüberwurf duldete, der «Anneberg» gesellschaftsfähig machen sollte.

Ob wochenlanges Schmollen oder knallharte Argumentation – welche Strategie man wählt, um den eigenen Möbeln eine Existenzberechtigung in der neuen Wohnung zu verschaffen, ist völlig egal. Wenn ihr romantisches Gesamtkonzept von Weiß in Weiß mit Holztönen durch seine farbenfroh-zwanglose Stilmischung zerstört wird, muß sie eben notfalls ein ganzes Zimmer (die Besenkammer?) an ihn abtreten, auf daß er es nach eigenem Gutdünken dekorieren kann. Oder ihm nach und nach passende Möbel schenken, die er dann aufstellen muß, weil sie sonst zutiefst gekränkt wäre. Sylvie war mit dieser Strategie sehr erfolgreich, bis Stefan sich nach zwei Jahren des Zusammenlebens schwer übervorteilt fühlte. Was zur Folge hatte, daß er nunmehr alles ablehnte, was sie dem gemeinsamen Haushalt zuführen wollte. «Irgendwann ging es ihm nur noch ums Prinzip», sagt sie. «Wenn ich blaue Vorhänge wollte, bestand Stefan garantiert auf roten, und wenn ich Chromstühle schön fand, mußte es Holz sein.» Sylvie beschloß also, den Spieß umzudrehen und sich das Gegenteil von dem zu wünschen, was sie eigentlich wollte. Im Falle einer Biedermeiercouch, die Sylvie von einer Großtante geerbt hatte, funktionierte das so: Stefan wollte das Möbel unbedingt mit rotem Samt beziehen lassen, Sylvie wollte dunkelblau, schlug aber vor: grün-weiß kariert. Das fand Stefan wie erwartet scheußlich. Tagelange Funkstille. Stefan: «Wenn es wenigstens einfarbig wäre!» Wieder Funkstille. Sylvie: «Damit könnte ich leben.» Bedenkzeit. Stefan: «Aber Samt!» Sylvie: «Dann aber blau!» Und schon hatte sie das Sofa ihrer Träume ausgehandelt, ohne daß ihr Tölpel von Ehemann auch nur den blassesten Schimmer davon hatte, daß er einem perfiden weiblichen Trick zum Opfer gefallen war. Im Gegenteil: Er war auch noch glücklich, weil Sylvie endlich die nötige Kompromißbereitschaft zeigte, die ja bekanntlich Grundlage für jede Form des Zusammenlebens ist.

Natürlich kenne ich auch zahlreiche Menschen, bei denen das Zusammenziehen ohne größere Konflikte über die Bühne ging. Vielleicht hatten die beiden in so einem Fall eben doch einen sehr ähnlichen Geschmack, oder sie hing nicht allzusehr an ihren alten Möbeln, während er ein grandioses Stilempfinden mit in die Ehe brachte. Es kommt auch häufig vor, daß nach der Hochzeit erst mal finanzielle Ebbe herrscht, an neue Möbel nicht zu denken ist und auf irgendwas (nämlich seinen quietschgelben Plastikstühlen) muß man dann halt sitzen, und zwar ohne zu murren.

Diese Art von Harmonie schwebte auch meinem Kumpel Max vor, der Lisas Geschmack in Möbelfragen für vortrefflich hielt und sich über die Einrichtungsfrage weiter keine Gedanken machte. Tatsächlich hätte alles gut werden können, wäre da nicht Lisas geradezu manische Sammelwut gewesen, die vor der Hochzeit ihre eigene und nach der Hochzeit die gemeinsame Wohnung in eine gigantische Rumpelkammer des Schreckens verwandelte. Schon beim Umzug merkte Max, was die Stunde geschlagen hatte. Er schleppte: ein gutes Dutzend verbogener Handtuchhalter, einen Waschzuber voll Haarspangen, zwölf verschiedene Sorten Olivenöl, einen Zentner weiße T-Shirts, diverse Bodenvasen und säckeweise verschrumpelte Linsen, die noch aus den Beständen ihrer längst verstorbenen Urgroßmutter zu stammen schienen. Keine Frage: Max' Frau besaß alles, was eine Frau braucht. Und zwar in zehn- bis zwanzigfacher Ausführung. Seine Versuche, ihrem Sammelwahn in den ersten Wochen des gemeinsamen Lebens einen Riegel vorzuschieben und die vorhandenen Bestände mit der gebotenen Härte zu reduzieren, wurden jedesmal mit einem flehenden «Heb das doch erst noch mal auf!» unterbunden. Erst noch mal! Als würde sie irgendwann irgendwas von dem ganzen Plunder freiwillig wegwerfen. Nachdem Max mehrmals heimlich Müllsäcke voller überflüssigem Krimskrams entsorgt hatte und Lisa ob dieser Grausamkeit jedesmal in Tränen ausbrach, gab er auf. Wenn wir zu Besuch kommen, schaufelt er uns mit stoischer Miene ein Plätzchen zwischen Versandhauskatalogen (Jahrgang '72) und bunten Stoffetzen («Da will Lisa irgendwann einen Quilt draus machen») auf dem Sofa frei und ertränkt seinen Kummer in Whisky.

Max' Schicksal geht mir insofern unter die Haut, als ich mit Patrick vermutlich ähnliche Kämpfe werde ausstehen müssen. Die Sache mit den Möbeln ist auch bei uns kein Problem – sein Geschmack ist meinem extrem ähnlich. Was mich vielmehr zur Verzweiflung bringt, ist sein Talent, eine aufgeräumte Wohnung innerhalb von wenigen Minuten in einen Schauplatz der Verwüstung zu verwandeln. Wenn er das Wochenende bei mir verbracht hat, liegen am Montagmorgen Pizzapackungen neben dem Bett, ist mein Bügeleisen unter einem Berg schmuddeliger Wäsche verschwunden, kleben Butterspuren am Fenstergriff, und in der verstopften Spüle schwimmen Zigarettenkippen an Senfsauce. «Jetzt reg dich doch nicht gleich auf», ruft er aus dem Badezimmer. «Ich komm heute abend nach der Arbeit vorbei und räum auf.» Das ist natürlich dreist gelogen! Erstens spielt er montags Fußball und kommt deshalb mitnichten nach der Arbeit. Und zweitens weiß er genau, daß ich dieses Chaos genau fünf Minuten ertrage und längst aufgeräumt habe, wenn er in Bierlaune gegen 23 Uhr in meine Wohnung wankt. Aber was soll ich tun? Wie erzieht man einen Menschen zur Ordnung, der einfach keinen Blick dafür hat, daß angeschimmelte Joghurtbecher neben dem Fernsehsessel die Ästhetik des Wohnzimmers entschieden beeinträchtigen? Der in Sachen Schmutz schlicht eine andere Schmerzgrenze hat als man selbst? Und zu allem Überfluß auch noch die besseren Argumente parat hat? Da ist dann die Rede von kreativem Chaos, «oder wäre dir ein penibler Putzteufel lieber als ein lässiger Typ, der eben andere Sachen im Kopf hat?» Natürlich nicht. «Und warum bitte soll ich das Bett machen, wenn wir abends eh wieder reinsteigen?»

Ja, warum eigentlich? Vielleicht, weil ich es möchte, weil ich es einfach schöner finde? Zählt alles nicht. Irgendwie wird man den Geruch des kleinkarierten Spießertums nicht los, der sich an einen heftet, nur weil man einen gewissen Hang zur Reinlichkeit hat. Bislang hielten sich unsere Auseinandersetzungen über seine Schlampigkeit zum Glück in Grenzen, weil Patrick eben nicht ständig, sondern mit bekömmlichen Unterbrechungen in meiner Wohnung haust. Das wird sich nach unserer Hochzeit ändern, und was dann?

«Pack seinen ganzen Mist in einen Sack und schmeiß ihn einfach weg!» tönte Anna, als ich mal wieder düstere Zukunftsvisionen über unser künftiges Zusammenleben entwarf. «Stell ihm zum Frühstück das schmutzige Geschirr von gestern vor die Nase, wenn er am Abend vorher nicht gespült hat!» riet Nina, die mit dieser Strategie beachtliche Erfolge erzielt hatte. «Leg seine CDs einfach bei 600 Grad in die Mikrowelle, wenn er sie mal wieder im ganzen Wohnzimmer verteilt hat», empfahl Katrin und schlug sich vor Vergnügen auf die Schenkel. Das klang ja in der Tat nicht schlecht. Trotzdem fand ich all diese Vorschläge grausam und unangemessen. «Es gibt doch Wichtigeres», sagt Patrick immer, wenn ich mich am Sonntagmorgen weigere, seine Küche zu betreten, weil ich fürchte, von heimtückischen Schimmelpilzen angefallen zu werden. Er steht dann auf, macht das Frühstück und bringt es mir ans Bett. Meistens bleiben wir für den Rest des Tages dort liegen, und der Sonntag wird so schön, wie ein Sonntag nur sein kann. Das Geschirr? Kann warten!

«Ein neues Auto? Du spinnst wohl!»

Der ewige Streit ums Geld

Es gibt Frauen, die haben ein sicheres Händchen für Männer mit Geld. Im Gymnasium erkannte man sie daran, daß sie nach der Schule in den Audi eines blonden Schönlings aus der Oberstufe einstiegen, während wir mit dem Bus nach Hause gurkten. An der Uni wurden diese Mädels gegen Mittag zum Szene-Italiener zu Prosecco und Pasta eingeladen, während wir in der Mensa Seelachs mit Kartoffelsalat runterwürgten. Und während wir uns von unserem ersten Gehalt ein neues Sofa leisteten, wohnten diese glücklichen Geschöpfe längst in einer Vier-Zimmer-Altbauwohnung mit Dachterrasse. Meine frühere Kommilitonin Karolin war so ein Fall. Ihr Vater ist ein renommierter Kinderarzt in Düsseldorf, ihre Schulzeit verbrachte sie in einem Schweizer Internat, und an der Uni war sie nie mit Politologen befreundet, sondern immer mit Jurastudenten oder jungen Unternehmensberatern. Im fünften Semester verliebte sie sich schließlich in einen BWLer namens Achim. Der allerdings hätte ebensogut Archäologie oder Theaterwissenschaften studieren können, denn ganz nebenbei war er seit dem Tod seiner Eltern Besitzer zahlreicher Mehrfamilienhäuser, einer halben Hotelkette, einer florierenden Tennisanlage und eines Aktienpakets, das jedem Anlageberater Tränen der Rührung in die Augen treiben würde. Ich glaube nicht, daß Karolin sich nur wegen seines Geldes in ihn verliebt hatte, denn abgesehen von seinen Vermögensverhältnissen war Achim auch noch ausgesprochen nett. Um so erstaunter war ich, als sie mich eines Abends anrief, um mir zu sagen, daß sie sich von Achim getrennt habe und für ein Jahr nach Italien gehen werde. «Mensch, Karo, wolltet ihr nicht im Juni heiraten?» fragte ich erstaunt. «Schon», sagte sie, «aber als Achim und ich das Aufgebot bestellen wollten, hielt er mir plötzlich einen Ehevertrag vor die Nase. Der hat sie doch nicht mehr alle, oder?» Karolin fing an zu weinen. Das sei ja wohl das Letzte, schniefte sie in mein Ohr, statt eines Liebesbekenntnisses bekomme sie jetzt einen Schriftsatz. Wenn er nicht daran glaube, daß ihre Beziehung ewig hält, könne man das mit der Hochzeit ja gleich lassen, ein Ehevertrag klinge für sie nach Vorbehalt, Vernunftehe und baldiger Scheidung. Ich mußte ihr recht geben. Ein Ehevertrag ist wirklich das Unromantischste, was ich mir vorstellen kann, zumal, wenn man gerade in rosaroten Gefühlen schwelgt. Andererseits konnte ich Achim verstehen. Was der im Falle einer Scheidung würde abdrücken müssen, war nun wirklich kein Pappenstiel. Da müßte sicherlich das eine oder andere Häuschen liquidiert werden, und bei diesem Gedanken wurde dem Mann zu Recht unbehaglich. Trotzdem blieb Karo eisern. «Entweder will er mich ganz oder gar nicht!» verkündete sie trotzig. Ein halbes Jahr später war die Sache ausgestanden. Karo blieb exakt drei Monate in Florenz, dann kam Achim in seinem BMW Z1 vorgefahren, zerriß vor ihren Augen und unter Tränen den Ehevertrag, und weitere drei Monate später waren die beiden verheiratet.

Zum Glück muß ich mich mit solchen Dingen nicht auseinandersetzen, dachte ich, als ich anfing, über die möglichen Komplikationen einer Ehe nachzudenken. Patrick und ich besitzen beide kein großes Vermögen, und in so einem Fall ist ein Ehevertrag ja wohl weitgehend überflüssig. Man heiratet in gesetzlicher Zugewinngemeinschaft, im Fall einer Scheidung wird das, was man in der Ehe gemeinsam erwirtschaftet hat, einfach geteilt, und alle sind glücklich. Obwohl ... War da nicht auch noch die Sache mit dem Unterhalt für denjenigen, der weniger verdient? Die Verrechnung der Rentenansprüche, der sogenannte Versorgungsausgleich nämlich? Ich versuchte, eine realistische Zukunftsvision zu entwerfen, mir Patrick und mich in zehn Jahren vorzustellen. Patrick ist beruflich nur mäßig ambitioniert, ich bin ein notorischer Streber. Er verjubelt sein Einkommen nach Lust und Laune, ich kaufe mir von meinem Weihnachtsgeld Bundesschatzbriefe. Patrick ist Freiberufler mit einer mickrigen Lebensversicherung, ich bekomme am Ende meines Berufslebens neben der staatlichen eine satte Betriebsrente. All das soll ich im Fall einer Scheidung mit ihm teilen? Mit ihm und seiner großbusigen jungen Geliebten, wegen der er mich verlassen hat? Dann schon lieber Gütertrennung, bei der die Ersparnisse auch nach der Scheidung ganz allein dem gehören, der sie in mühevoller Kleinarbeit angesammelt hat. Andererseits ist das dann wieder unfair für denjenigen, der wegen der Kinder seinen Job zeitweise an den Nagel hängt und kein eigenes

Geld verdient. Egal, ob das nun Patrick wäre oder ich. Als ich länger darüber nachgedacht hatte, erschien mir der Gedanke an einen Ehevertrag plötzlich gar nicht mehr so abwegig.

Mit einem Ehevertrag läßt sich alles mögliche regeln. Im Fall einer Zugewinngemeinschaft kann man darin zum Beispiel eine modifizierte Variante festlegen, bei der bestimmte Vermögensteile wie Immobilien oder der ererbte Handwerksbetrieb vom Zugewinn ausgeschlossen werden. Man könnte sich bei einer Gütertrennung auf die Höhe der Unterhaltszahlungen im Fall einer Scheidung einigen, und darauf, daß sie nur geleistet werden, bis die Kinder ein bestimmtes Alter erreichen. Ein Ehevertrag taugt aber nicht nur für den Fall der Scheidung. Er kann auch regeln, wie die Arbeitsteilung in der Ehe aussehen soll, wer die Kinder versorgt, daß einer der Partner die Kosten für die Ausbildung des anderen übernimmt oder wieviel Haushaltsgeld die Gattin pro Monat erhält. So etwas vertraglich festzulegen, finde ich zwar etwas übertrieben, aber wer Zweifel an der Zuverlässigkeit seines Partners hat, kann ihn dadurch notfalls in die Pflicht nehmen. Natürlich kann man Eheverträge im Laufe der Ehe ändern, man muß sie auch nicht vor der Hochzeit abschließen, sondern kann Jahre später zum Notar marschieren. Trotzdem finde ich, daß man ein solches Dokument, wenn überhaupt, vor der Heirat aufsetzen sollte.

Wenn ein Paar einen Ehevertrag abschließen will, sind die beiden gezwungen, sich über die Ehe und die damit verbundenen materiellen Vor- und Nachteile Gedanken zu machen. Das Thema wird im Idealfall zu einem Zeitpunkt diskutiert, zu dem beide schwer verliebt sind und einer dem anderen wohlwollend gegenübersteht. In zehn Jahren sieht das vielleicht ganz anders aus, aber statt sich dann gegenseitig über den Tisch zu ziehen, müssen sie sich an die vertraglich festgelegten Regeln halten. Außerdem kann man bei einem Gespräch über die finanziellen Aspekte der Ehe mehr über die Gefühlslage seines zukünftigen Gatten erfahren als durch dessen hormonell gesteuertes Liebesgeflüster. Vielleicht sogar mehr, als einem lieb ist: Er will, daß sie bei einer Scheidung auf jeglichen nachehelichen Unterhalt verzichtet, auch für den Fall der Not? Umgehend sieht man sich mit alten Plastiktüten bettelnd durch die Innenstadt schleichen und fragt sich, ob man einen derart herzlosen Menschen heiraten will, der nicht mal «in der Not» ein paar Groschen lockermachen würde.

Auch wenn man sich gegen einen Ehevertrag entscheidet und mit der gesetzlichen Zugewinngemeinschaft voll und ganz zufrieden ist, sollte jede heiratswillige Frau ein paar grundsätzliche finanzielle Fragen mit ihrem zukünftigen Gatten beizeiten besprechen. Weil es in den meisten Ehen nämlich über kaum ein Thema soviel Zoff gibt wie über Geld. Und zwar nicht nur bei Paaren, die drei Kinder, kein Geld und hohe Schulden haben. Oder in Ehen, wo der eine sich auf Kosten des anderen locker macht und versorgen läßt. «Wenn Sie einen schnellen Einblick bekommen wollen, wie eine bestimmte Beziehung funktioniert, dann fragen Sie nach der Rolle, die das Geld in ihr spielt», schreibt der amerikanische Psychotherapeut Dr. Theodore Rubin. Der Mann hat verdammt recht. Geld und Liebe liegen nämlich sehr viel näher beeinander, als wir in unserer vorehelichen Euphorie wahrhaben wollen. Sie sind wie ungleiche Zwillinge: Liebe wie Geld verbinden uns mit den Dingen und Menschen um uns herum. Beide sind allgegenwärtig. Mit beidem können wir knausern oder großzügig sein. Bei beiden versagt unser sonst so wacher Verstand kläglich. Und beides vermischt sich oft, ohne daß wir es merken. «Interessiert dich eigentlich noch irgend etwas, außer Boutiquenbesitzer reich zu machen?» kann in Wahrheit heißen: «Ich bekomme nicht genügend Zuwendung!» Und der Vorwurf «Warum mußtest du diesen Auftrag auch noch annehmen – als hätten wir nicht genug Geld, um uns ein schönes Leben zu leisten» heißt eigentlich: «Es macht mir angst, daß du soviel allein machst!»

Ich kenne Paare, bei denen es kurz nach der Hochzeit den ersten fetten Ärger über die relativ banale Frage gab, ob man denn nun ein gemeinsames oder zwei getrennte Konten führt. Was aber zweifellos besser ist, als sich den Wünschen des Partners klaglos zu unterwerfen, wie es zum Beispiel Nina getan hat. Nina ist ein extrem großzügiger Mensch, sie gibt ihr Geld mit vollen Händen aus, und wo sie die Kohle nun abhob, war ihr ziemlich wurscht. Karsten dagegen hat ein sehr nüchternes Verhältnis zu Finanzfragen und fand getrennte Konten «einfach übersichtlicher». Seine Frau ließ sich darauf ein, merkte aber schnell, daß ihr diese Regelung nicht wirklich behagte. Nach jedem Urlaub wurden die Kosten aufgedröselt und durch zwei geteilt, jede Lebensmittelrechnung wurde auseinanderdividiert, jede Anschaffung halbe-halbe oder prozentual verrechnet. Nina hatte irgendwann das Gefühl, daß Karsten sich gar nicht richtig auf die Beziehung einlassen wollte, warum sonst war ihm seine finanzielle Unabhängigkeit so wichtig? Als sie ihm in einer stillen Stunde gestand, daß sie sich wegen dieser Kontogeschichte ungeliebt und allein gelassen fühlte, fiel Karsten aus allen Wolken. Für ihn war das vor allem eine Frage der Gewohnheit gewesen. Wenn künftig ein gemeinsames Konto benutzt werden sollte, hatte er damit auch kein Problem.

Damit war das Thema Geld aber noch lange nicht vom Tisch. Denn nun bekam Karsten regelmäßig schlechte Laune, weil Nina sein schwerverdientes Gehalt für «unnützen Schnickschnack» ausgab. Immer mußten es die teuersten Theaterkarten sein, das Essen wurde im Feinkostladen gekauft, obwohl es bei «Penny» nur einen Bruchteil gekostet hätte, und den Unterschied zwischen einer Flug-Ananas und einer stinknormalen Supermarktfrucht schmecke doch kein Mensch. In Karstens Augen war Nina schlicht verschwendungssüchtig, sie hielt ihm im Gegenzug Geiz und Kleinkrämerei vor. Was die beiden völlig unterschätzten, war die Tatsache, daß Geld immer auch der Befriedigung grundsätzlicher emotionaler Bedürfnisse dient. Für jemanden wie Nina ist Geld vor allem ein Mittel zur Steigerung der Lebensqualität. Für Karsten ist Geld gleichbedeutend mit Sicherheit, andere sehen darin in erster Linie ein Statussymbol, das ihnen Anerkennung verschafft. Und wenn zwei Menschen mit unterschiedlicher Bedürfnislage in den gleichen Geldtopf greifen, gibt es eben irgendwann Zoff. Da geht es dann auch gar nicht mehr unbedingt um den Kontostand. «Ich glaube, Karsten ist manchmal einfach neidisch, weil ich das Leben richtig genieße und er sich mit seinem chronischen Sicherheitsdenken selbst im Weg steht», erklärte mir Nina, und ich denke, sie lag mit ihrer Vermutung ziemlich richtig. Immerhin war sie aber irgendwann bereit, Karstens Wunsch nach Sicherheit zu respektieren und die Flug-Ananas vom Speiseplan zu streichen, auf daß das gemeinsame Sparbuch schneller wüchse.

Es ist sicher nicht möglich, das Thema Geld vor der Hochzeit so allumfassend zu besprechen, daß man es fortan zu den Akten legen kann. Ich käme mir jedenfalls ziemlich albern vor, wenn ich meinem zukünftigen Ehemann beim Frühstück erklären würde, daß ich eine Mischung aus Genuß- und Sicherheitstyp sei und daß ich jeden Monat zirka 24 Prozent unseres gemeinsamen Geldes in Parmaschinken und Rotwein zu investieren gedächte – ob er das soweit in Ordnung finde? Es gibt aber Themen, da machen klare Absprachen schon Sinn: Was zum Beispiel geschieht mit seinem Einkommen, wenn wir Kinder bekommen und ich für ein, zwei Jahre nicht voll arbeiten kann? Mit Haushaltsgeld lasse ich mich dann bestimmt nicht abspeisen, diese Variante kenne ich zu gut aus der Generation meiner Eltern, wo die Frauen ihre Ehemänner anbetteln mußten, nur weil sie sich eine neue Bluse kaufen wollten. Ich würde darauf bestehen, daß ich über die Hälfte seines Einkommens verfügen kann, abzüglich der gemeinsamen Kosten, versteht sich. Das ist nämlich nur fair, wenn man wegen der Kinder kaum noch eigenes Geld hat. Vielleicht muß man auch gar nicht so sehr ins Detail gehen, wenn beide Partner eine ähnliche Einstellung zum Geld haben. Ich glaube, es genügt schon, wenn man sich gemeinsam bewußt macht, daß Geld eine viel größere Bedeutung für die Beziehung hat, als man gemeinhin denkt. Daß Streit um Geld immer auch ein Alarmsignal sein kann, das auf andere Probleme in der Partnerschaft hinweist. Auch wenn wir es grauenvoll finden, wenn Geld und Liebe sich berühren – noch schlimmer ist es, wenn Geld die Liebe ruiniert.

«Dieser Achim ist ein Dummschwätzer!»

Seine Freunde, ihre Freunde

Klassischer Fall von Hühnerwahnsinn», sagte Patrick trocken, als er mich vor zwei Jahren zum ersten Mal im Kreise meiner Freundinnen erlebte. Seit einer Stunde saß er mit einer Mischung aus Faszination und Entsetzen an der Theke unserer Lieblingsbar und nahm die Mädels ins Visier: Anna, die sich soeben kichernd ihres Oberteils entledigt hatte, damit ich ihren neuen BH bewundern konnte, Sylvie, die sich an einem der Barkeeper festgesaugt hatte, um zu beweisen, daß Knutschen mit offenen Augen mehr Spaß macht, und Nina, die in erfrischender Lautstärke über die treffendste Bezeichnung für das männliche Genital philosophierte. In unseren Augen ein ganz normaler Abend, an dem diverse Cocktails ihrer Bestimmung zugeführt worden waren und uns in heitere Stimmung versetzt hatten. In Patricks Augen war dieser Abend der unverdünnte Horror, ein Vorgeschmack dessen, was nunmehr seinen Alltag bestimmen würde: ein durchgeknalltes Krawallkommando nämlich, das nicht gerade die besten Seiten seiner Freundin zum Vorschein brachte.

Um ehrlich zu sein: Ich kann ihn verstehen. Es gibt weibliche Eigenschaften, die jeden Mann in Angst und

Schrecken versetzen, und ich habe sie allesamt im Repertoire: Ich lache zu laut, ich trinke zuviel und kann drei Stunden reden, ohne ein einziges Mal Luft zu holen. Natürlich kommen diese Verhaltensweisen nur gut dosiert zum Einsatz, und zwar immer dann, wenn ich mit meinen Freundinnen zusammentreffe – die zu Patricks großem Entsetzen über ein ähnlich heiteres Naturell verfügen. Seit wir uns kennen, muß er diesen ungestümen Frohsinn in regelmäßigen Abständen und je nach Anlaß in zwei- bis zehnfacher Ausführung erdulden. Dabei hatte ich ihn rechtzeitig gewarnt: Wenn er mich wollte, bekäme er diesen schrillen Haufen kostenlos mitgeliefert.

Patrick hat sich damit abgefunden. Wenn ich mich mit den Mädels treffe, verabredet er sich mit seinen Freunden oder bleibt einfach zu Hause. Manchmal stößt er erst später zu uns und läßt sich von unserer entfesselten Stimmung anstecken. Und wenn meine Freundinnen ihre Ehemänner mitbringen, ist er hocherfreut, weil endlich mal wieder ein vernünftiges Gespräch zustande kommt. Ich bin darüber sehr glücklich, denn immerhin will ich diesen Mann ja heiraten. Würde er mich vor die Wahl stellen: «Entweder ich oder diese hysterischen Weiber», würden, so leid es mir tut, die hysterischen Weiber das Rennen machen.

Ich habe solche Geschichten oft genug gehört. Da treffen zwei Menschen aufeinander, verlieben sich unsterblich und wollen ihr Leben miteinander teilen. Die ersten drei Wochen werden mit Dauerbeischlaf ohne jegliche Sozialkontakte verbracht, dann kehrt nach und nach der Alltag ein, und schon fängt der Ärger an: Er stellt ihr seine Freunde vor, sie stellt ihm ihre Freunde vor, irgendwann machen die beiden ein Grillfest im Stadtpark, wo die Freundeskreise aufeinander losgelassen werden. Und jede dieser Begegnungen kann theoretisch das Ende einer vielversprechenden jungen Liebe bedeuten: Weil uns unsere Freunde und deren Urteil extrem wichtig sind. Weil wir möchten, daß der Mann, den wir lieben, unsere Freunde mag und umgekehrt. Weil wir seine Freunde sympathisch finden wollen, denn mit wem er seine Zeit verbringt, sagt ungeheuer viel über ihn aus. Muß es uns nicht zu denken geben, wenn seine Kindheitsfreundin William Yeats für den Torwart der irischen Nationalmannschaft hält? Und was hat es zu bedeuten, wenn ihm zu unserer heißgeliebten Kollegin kein anderer Kommentar einfällt als «Doch, doch, ganz nett ...»? Ehe man sich versieht, hat man Humor und Toleranz zu den Akten gelegt und bläst zum Gefecht: Auf ein Abendessen mit Gabi und Jochen, den blöden Spießern, habe man in der Tat keine Lust, und wer hatte denn letzte Woche schreckliche Bauchschmerzen und mußte unbedingt im Bett bleiben, obwohl die Radtour mit Ralf und Ina schon seit Monaten geplant war? Schon ist ein heftiger Streit im Gange, er flüchtet entnervt zum Fußball und sie zu Ralf und Ina. Die haben die Sache natürlich längst entschieden: Die beiden passen nicht zusammen, so geht das nicht weiter, höchste Zeit, daß man sich da einschaltet und dem Spuk ein Ende macht. Und so geht sie denn den Bach runter, unsere verheißungsvolle kleine Romanze, noch ehe sie richtig begonnen hat.

Wenn ein Paar zu heiraten beschließt, hat es diesen Härtetest immerhin schon bestanden. Die soziale Mitgift des anderen ist bekannt, einige seiner Kumpels sind wirklich nett, eine echte Bereicherung, den anderen geht man halt aus dem Weg. Ihr Freundeskreis hat sich mit ihm arrangiert, er wurde ausgiebig beäugt und mit gewissen Einschränkungen für geeignet befunden. Wenn die beiden Cliquen auf einer Party zusammentreffen, herrschen Offenheit und Frohsinn, der Hochzeit steht also nichts mehr im Weg.

Und danach? Leben die beiden fortan in schönster Eintracht, glücklich und zufrieden mit sich und all diesen netten Freunden, die Sonntagmorgen spontan zum Frühstück vorbeischauen und selbstverständlich gern beim nächsten Umzug helfen? Eben nicht! Denn plötzlich stellt unser Pärchen fest, daß einige dieser reizenden Menschen das Zeug zum Beziehungskiller haben, daß hinter freundlicher Fassade der Feind lauert.

Feind Nummer 1 ist ihre beste Freundin. Die beiden kennen sich seit frühester Kindheit, haben zusammen über Mathearbeiten und den ersten mißlungenen Zungenkuß gejammert und nach der Uni Jobs in der selben Stadt gefunden. Sie telefonieren täglich, gehen gemeinsam zum Rudern, reden mit gleichem Eifer über Eisprung und Umweltpolitik. Er findet das völlig in Ordnung, weiß, daß jede Frau eine gute Freundin braucht, um ihrer angeborenen Neigung zur Geschwätzigkeit nachzugehen, und ist erleichtert, daß ihm die Rolle des geduldigen Zuhörers erspart bleibt.

Vier Monate später hat das Paar den ersten richtigen Ehekrach. Sie packt ihre Tasche, fährt wütend und verletzt zu ihrer Freundin, kuschelt sich mit einer warmen Decke auf deren Sofa und redet die ganze Nacht: «Und dann hat er gesagt, und dann hab ich gesagt, und stell dir vor, was er mir dann an den Kopf geworfen hat ...» Die Freundin ist entsetzt. So ein Riesenarschloch! Das darf man sich nun wirklich nicht bieten lassen. Die Ehefrau nickt schniefend in ihr Taschentuch, fühlt sich aber schon viel besser, weil verstanden und getröstet. Am nächsten morgen packt sie wiederum ihre Tasche und fährt zu ihrem Mann zurück. Die beiden versöhnen sich, reden noch mal über alles. «Im Prinzip hattest du ja recht», sagt sie mit zärtlichem Lächeln. «Aber Corinna findet auch, daß du manchmal ein unerträglicher Geizhals bist.» Er erstarrt. Sie auch. Sie merkt, daß diese Bemerkung etwas unklug war. Und versucht, ihre Freundin in Schutz zu nehmen. «Ach, du weißt doch, wie Corinna ist. Seit ihrer Trennung hat sie voll den Haß auf Männer.» Womit die Feindschaft zwischen Ehemann und bester Freundin besiegelt wäre: Sie hält ihn für ein Riesenarschloch, er hält sie für eine verkappte Feministin, und von nun an werden die beiden bei jedem Treffen wie die Kampfhunde aufeinander losgehen. Die Ehefrau ist darüber sehr traurig: «Wie schade», denkt sie, «daß die beiden Menschen, die ich am meisten liebe, sich nicht ausstehen können!»

Und was lernen wir daraus? Daß wir endlich mit dieser verdammten Lästerei aufhören müssen, wenn wir wollen, daß sich unser Partner mit unserer besten Freundin versteht. Natürlich darf ich mich bei ihr auskotzen, wenn er mir auf den Wecker geht. Dafür sind Freundinnen ja da. Aber wenn ich immer nur schlecht über ihn rede – wie soll sie ihn da mögen? Ich glaube, es würde schon genügen, wenn man zwischendurch immer mal wieder heftig schwärmt. Und auch mal erzählt, daß er kürzlich an einem stinknormalen Mittwoch Blumen mitgebracht hat. Oder uns einfach in den Arm genommen hat, als wir mal wieder wütend auf ihn losgegangen sind, weil wir einen Scheißtag im Job hatten. Nach so einem Abend würden wir nach Hause kommen und sagen, wie super wir uns wieder mit Corinna unterhalten haben. Und daß Corinna findet, daß wir wirklich Glück haben, mit einem derart tollen Typ verheiratet zu sein.

Ja, ja, das Leben könnte so einfach sein. Wenn da nicht Feind Nummer 2 wäre, der der Ehefrau regelmäßig die Laune verhagelt. Feind Nummer 2 ist der älteste Freund ihres Mannes. Der älteste wohlgemerkt, nicht der beste. Inhaltliche Probleme gibt es mit ihm nicht, nie würden die beiden Männer schlecht über sie sprechen, denn in Männerfreundschaften, besonders in alten, wird grundsätzlich nicht viel geredet. Und wenn, folgen die Dialoge immer demselben Muster:

«Na, Alter, wie geht's?»

«Muß ja.»

Pause.

«Pils?»

«Pils!»

Weil sich der Ehemann bei den Treffen mit seinem ältesten Freund seit Jahren auf ebendiesem Niveau bewegt, stört es ihn auch gar nicht, daß sein Kumpel ein unverbesserlicher Träumer ist, der immer noch glaubt, eines Tages als Komponist von Filmmusik groß rauszukommen. Sie stört das sehr wohl, denn bis es soweit ist, verfügt der alte Freund über ein unerschöpfliches Potential an Zeit. In der er spontan hereinplatzt, um ihren

Kühlschrank leerzufressen, ihren Mann von der Steuererklärung abzuhalten oder den geplanten Wochenendausflug mit einem traurigen «Mensch, Alter, kannst du mir nicht helfen, den Kadett für den TÜV klarzumachen?» in ferne Zukunft zu verschieben. Die Ehefrau sieht sich das eine Zeitlang geduldig an, weil sie es irgendwie rührend findet, daß ihr Mann seinem alten Kumpel die Treue hält. Dann wird es ihr zu bunt, und sie beschwert sich. Der Typ sei ein echter Verlierer, sein blödes Gitarrengeklimper könne ihr gestohlen bleiben, und ob er denn gar nicht merke, daß dieser Schnorrer seine Großzügigkeit nur ausnutze? Der Mann schaut sie traurig an und schweigt. Er hätte nie gedacht, daß sie so intolerant sein kann. Selbstverständlich würde er seinem alten Kumpel nie verraten, was seine Frau über ihn denkt, er schämt sich fast ein wenig für sie. Und hilft ihm noch öfter beim Autoreparieren und verfüttert noch mehr Parmaschinken an ihn, um ihn dafür zu entschädigen, daß seine Ehefrau schlecht über ihn spricht. Sie ist also keinen Schritt weitergekommen. Im Gegenteil. Sie wird sich immer öfter ärgern und immer lauter meckern, und irgendwann hat ihr Mann keine Lust mehr, und dann wird er zu seinem alten Kumpel ziehen, und die beiden werden eine richtig nette Männer-WG gründen.

Das werden wir zu verhindern wissen! Indem wir nämlich seinen alten Kumpel immer und ohne zu meckern mit offenen Armen empfangen. Darauf lassen wir es natürlich nicht beruhen: Ab jetzt wird er eingeladen. In alle ehelichen Aktivitäten integriert. Belagert. Bedrängt. Mit Verständnis und Zuneigung überschüttet. Der Arme sitzt am Mittwochabend allein zu Hause und schaut Fußball? Will er nicht lieber rüberkommen und eine Runde Monopoly spielen? Sein Auto ist schon wieder kaputt? Ja, da sollte ihr Mann aber schnell hinfahren und helfen, Tennismatch hin oder her. Der alte Kumpel muß auch nicht alleine zu dem Treffen mit dieser blöden großbusigen Blondine. Da kommen sie einfach beide mit, ihr Mann und sie, das wird dann sicher ein ganz lustiger Abend. Spätestens jetzt sind die beiden Männer etwas irritiert. Der Ehemann, weil er die geballte Zuneigung seiner Frau für seinen alten Kumpel dann doch für etwas übertrieben hält. Weil er außerdem gar keine Lust hat, sein Tennismatch abzusagen. Und der alte Kumpel, weil er sich den Abend mit der Blondine ganz anders vorgestellt hatte. Der Ehemann sieht seinen alten Kumpel von nun an seltener. Die Ehefrau hat gewonnen.

Das ist gut so, denn inzwischen ist Feind Nummer 3 in ihrem Blickfeld erschienen. Und der läßt sich leider nicht so leicht in Schach halten. Es handelt sich hierbei um die beste Freundin ihres Mannes, und wie könnte es anders sein: Die beiden hatten vor Jahren mal ein Verhältnis miteinander. Nix Ernstes, nein, nein, sondern nur eine kleine harmlose Affäre, bei der es ausschließlich um Sex ging. Wie beruhigend! Aber regen wir uns nicht auf, das Thema Erotik ist damit wenigstens vom Tisch. Ehemann und Exgeliebte sind inzwischen einfach gute Freunde, verabreden sich regelmäßig zum Abendessen, nichts weiter. Trotzdem würde seine Frau verdammt gern wissen, warum er von diesen Treffen immer so beschwingt nach Hause kommt. Warum es bei einer kurzen Bettgeschichte geblieben ist, wo sie doch so irrsinnig gut aussieht, im Job extrem erfolgreich ist, einen umwerfenden

Humor hat und zu allem Überfluß richtig gut Basketball spielen kann. Was die Sache noch unerträglicher macht: Diese Frau ist nicht nur außergewöhnlich talentiert, sondern auch ausgesprochen nett. Besonders zu der Ehefrau ihres besten Freundes. Die Ehefrau haßt sie dafür. Weil sie keine Chance hat, dieses Weib unschädlich zu machen. Wenn sie wenigstens gemein und hochnäsig wäre, die Ehefrau milde belächeln würde, weil sie ihr, der Vorgängerin, das Wasser nicht reichen kann. Dann hätte man wenigstens eine Handhabe, um sie beim Ehemann anzuschwärzen. Aber nichts da. Die Freundin ist reizend, und die Ehefrau schmort in ihrer Eifersucht.

Völlig grundlos, denn seine Freundin ist ein Segen für unsere Beziehung. Auch wenn wir das am Anfang nicht glauben können. Halten wir uns einfach an die Fakten: Die gute Freundin sieht wirklich so verdammt gut aus und hat einen hinreißenden Humor? Großartig! Dann mangelt es ihr nie an Verehrern, und sie kennt gar keine Zeiten der sexuellen Enthaltsamkeit, in denen sie auf ihren Exlover, respektive unseren Ehemann, zurückgreifen müßte. Statt dessen bringt sie auf jede Party interessante Männer mit, mit denen wir dann flirten können. Und dann ist unser cooler Gatte endlich auch mal ein bißchen eifersüchtig.

Daß sie Karriere macht, ist ebenfalls kein Schaden. Dann hat sie nämlich gar keine Zeit, ihn regelmäßig in Beschlag zu nehmen. Und wenn schon. Männer können mit anderen Männern nicht über ihre Gefühle reden. Also müssen sie mit Frauen darüber sprechen. Mit ihren eigenen funktioniert das nicht immer, denn sobald die Beziehung betroffen ist, reagieren Ehefrauen irrational und fangen an zu weinen. Eine gute Freundin tut das nicht. Sie hört ihm einfach zu. Und weil sie selbst eine Frau ist, kann sie sich problemlos in seine Gattin hineinversetzen. Sie erklärt ihrem Freund, wie die Frauen tikken. Er versteht es. Und wird die seine nie wieder wütend anfahren, weil sie jeden Tag aufs neue hören will, wie sehr er sie liebt.

«Immer wieder sonntags»

Sex in der Ehe

Beginnen wir mit der guten Nachricht: Laut einer Statistik, die ich vor einiger Zeit in einer Tageszeitung gelesen habe, scheint die Ehe der Gesundheit des Mannes äußerst zuträglich zu sein. Ehemänner leben länger, rauchen weniger und ernähren sich vernünftiger als der durchschnittliche Single. Das ist gut so, denn dank dieses Phänomens werden wir an unserem Gatten lange Freude haben. Leider – und das ist die schlechte Nachricht, scheint die Ehe in Männern gewisse Veränderungen hervorzurufen, die diese Freude entschieden schmälern.

Der Verdacht, daß Heiraten nicht nur Positives bewirkt, beschlich mich das erstemal als Teenager. Meine Mutter feierte damals ihren vierzigsten Geburtstag, und auf der Terrasse tummelten sich zwanzig befreundete Ehepaare, die sich gutgelaunt über Faßbier und Grillgut hermachten. «Das da hinten ist übrigens meine alte Jugendliebe Hans-Werner», hörte ich meine Mutter ihrer Nachbarin Jutta in der Küche zuraunen. «Und ich sag's dir: der Hans-Werner war früher ein ganz Wilder. Der hat wirklich keine ausgelassen!»

So, so, der Hans-Werner. Ich spähte neugierig nach draußen. Da saß ein graumelierter Zausel mit senfgelber Strickjacke im Liegestuhl, der sich von seiner Gattin soeben das zweite Holzfällersteak in mundgerechte Häppchen zersäbeln ließ. «Bringst du mir auch noch ein frisches Bier, Muttchen», schmatzte er genießerisch und wischte sich mit einer zerknüllten Papierserviette den klebrigen Fettfilm vom Kinn.

Hans-Werner hatte seine wilden Zeiten offensichtlich hinter sich. Keine der anwesenden Frauen erregte auch nur im Ansatz sein Interesse, seine eigene schon gar nicht. Als Sinnbild ungestümer Leidenschaft taugte er nach zwanzigjähriger Ehe jedenfalls nicht mehr. Ich fand das damals zwar verwunderlich, aber nicht weiter dramatisch, denn die Vorstellung, daß sich Menschen jenseits der dreißig lustvoll stöhnend übereinander hermachten, war ja nun wirklich schwer unappetitlich.

Inzwischen sehe ich die Sache natürlich anders. Ich habe die dreißig überschritten und könnte mich durchaus an den Gedanken gewöhnen, auch in den kommenden drei bis vier Jahrzehnten den Freuden des Beischlafs zu frönen. Die Frage ist nur, ob sich dieser Plan in einer Ehe überhaupt realisieren läßt. Natürlich rechne ich nicht damit, daß Patrick mich irgendwann Muttchen nennt. Daß er seine schmalgeschnittenen Jacketts gegen gemütliche Strickjacken tauscht und in Anwesenheit eines Holzfällersteaks seine ganze Umgebung samt Gattin vergißt. Aber daß der eheliche Alltag der Libido nicht gerade einheizt, hat sich ja inzwischen rumgesprochen. Laut einer Umfrage der Universität Gießen bei langjährigen Ehepaaren halten nur noch zwölf Prozent der Befragten Sex in ihrer Beziehung für mittelwichtig oder wichtig. Wenn ich mich in meiner Umgebung so umschaue, habe ich den Eindruck, daß man dazu nicht erst zwanzig Jahre verheiratet sein muß.

Sehen wir doch einfach mal den Tatsachen ins Auge: Wie lange dauert es wohl, bis man die Hautoberfläche eines durchschnittlich großen erwachsenen Menschen en détail erforscht hat? Ein Jahr, zwei Jahre? Sagen wir drei, weil wir am Anfang mit großer Sorgfalt ans Werk gehen. Zu Beginn einer Beziehung ist das Vorspiel keine Aufwärmübung, sondern eine Ouvertüre, der Sex kein Koitus, sondern ein Vulkanausbruch. Und das Nachspiel ist wieder ein Vorspiel und die Nacht chronisch zu kurz. Der andere wird mit Inbrunst bestaunt, beschnüffelt, begrabscht, als wolle man ihn sich für immer einprägen. Nach dem Motto «Junge Menschen entdecken ihre Körper» wird in lustvoller Kleinarbeit jede Muskelfaser seines Körpers mit der Zunge vermessen, wird jeder ihrer bezaubernden Leberflecken mit Champagner getauft und namentlich begrüßt. Zum Zeitpunkt der Hochzeit hat man bereits zwei Drittel des Geländes erkundet, für das erste Ehejahr bleibt aber noch genug zu tun. Auch die diversen Sexpraktiken sind trotz intensivem vorehelichem Beischlaf noch längst nicht ausgereizt. Fellatio bei 120 km/h auf der Autobahn? Nicht gerade ungefährlich, aber wahnsinnig aufregend. Sie in Handschellen an den Bettpfosten fixiert? Am Anfang lautes Gelächter, und dann ist sie nur noch laut, war doch klar, daß ihr das gefällt. Analverkehr ist nicht ihr Ding, na ja, muß ja auch nicht sein, dafür läßt sie sich mit Vorliebe im Schleudergang auf der Waschmaschine vögeln. Er nennt sie Clementine, sie ihn Meister Proper, und hinterher hängen sie gemeinsam die Buntwäsche auf. Dann kehrt langsam Normalität ein. Man tut's wieder im Bett, am liebsten vorm Einschlafen oder kurz nach dem Aufwachen oder am Sonntag. Auch nett, jeder kennt den anderen in- und auswendig, jeder Handgriff sitzt, Orgasmus garantiert. Wenn zwei Wochen nichts passiert, ist es nicht weiter tragisch, man könnte ja, wenn man wollte, aber heute möchte man lieber ausschlafen.

Ab jetzt wird es kritisch. Sex hat nicht mehr oberste Priorität, sondern ist ein angenehmer Nebeneffekt der Beziehung, schlichte Gewohnheit. Manchmal muß man sich sogar richtig dazu aufraffen. Und ist plötzlich in Gedanken ganz woanders. «Ich ertappe mich immer öfter dabei, daß ich beim Sex über meinen nächsten Zahnarzttermin oder ein Geburtstagsgeschenk für meine Mutter nachdenke», sagte Nina schuldbewußt, als ich sie zwei Jahre nach der Hochzeit zu ihrem Liebesleben befragte. Katrin beichtete mir kürzlich sogar, daß sie sich währenddessen manchmal Schüttelreime ausdenkt, wie *Während Justus im Wohnzimmer Motten jagt, die Jutta mit ihrem Goldfisch tagt.* «Sag doch mal ehrlich, Christine», sagte sie kichernd, «ich hab sie doch echt nicht mehr alle beisammen!» Jedenfalls kann sie ausnahmsweise mal nicht ihrem Mann die Schuld in die Schuhe schieben. Der macht im Bett nämlich genau das, was er immer gemacht hat. Nur daß es Katrin mittlerweile nicht mehr an den Rande der Ohnmacht treibt, sondern ihr bestenfalls ein wohliges Kribbeln verschafft, auf das sie notfalls auch verzichten könnte.

Und damit wird häufig die nächste kritische Phase im ehelichen Liebesleben eingeläutet – die, in der Sex vor allem als Druckmittel fungiert. Das Phänomen ist hinlänglich bekannt: Ein Paar hat Zoff, sie ist stinksauer, weil er letzte Woche mit zweistündiger Verspätung auf der Party ihrer besten Freundin erschien, das Bad schon wieder nicht geputzt hat oder am Sonntag einfach zum Fußball gegangen ist, obwohl sie mit ihm den Küchentisch abbeizen wollte. Er ist stinkig, weil sie ständig meckert, hat aber keine Lust, immer alles auszudiskutieren, und so setzt er ein schuldbewußtes Lächeln auf und lädt sie zum Essen ein. Für ihn ist das Problem damit aus der Welt geschafft. Er geht beruhigt ins Bett. Am nächsten Morgen wacht er mit einer veritablen Morgenlatte auf, robbt damit auf die andere Bettseite und klopft auffordernd an den Oberschenkel seiner Frau. Die dreht sich nur kurz um. «Laß mich, ich hab keine Lust!» Das ist dreist gelogen. Morgens mag sie's normalerweise am liebsten. Aber so geht es schließlich nicht: Jeder Diskussion feige aus dem Weg gehen, und dann angeschlichen kommen. Mit ihr nicht! Er zieht sich gekränkt zurück, versteht nicht, warum sie sich ihm verweigert. Aber bitte, das kann sie haben. In den kommenden drei Wochen faßt er sie nicht mehr an. Jetzt ist sie gekränkt. Er begehrt sie offensichtlich nicht mehr. Mit ihm darüber reden ist zwecklos, er haßt diese Beziehungsgespräche ja. Und schon herrscht Funkstille zwischen zwei unschuldigen primären Geschlechtsorganen, weil deren Besitzer das Bett zum Gefechtsschauplatz für ganz alltägliche Probleme gemacht haben.

Als wäre es nicht schon schwierig genug, unter den gegebenen Umständen die erotische Spannung aufrechtzuerhalten. Nach zwei, drei Jahren Ehe haben sich nämlich auch die äußeren Lebensumstände vieler Paare dramatisch verändert. Bei Theresa und Lothar begann der Ärger, als Lothar sein Maschinenbaustudium beendet hatte und als Ingenieur bei einem mittelständischen Unternehmen im Schwäbischen einstieg. Daß ihr Mann Karriere machen wollte, war Theresa klar. Es war sogar notwendig, denn als Kinderbuchlektorin fand sie in dieser gottverlassenen Gegend so schnell keinen Job, und irgendwo mußte die Kohle ja herkommen. Aber warum mußte ihr Mann jeden Abend bis zehn in der Firma bleiben? Auch am Wochenende Arbeit mit nach Hause nehmen? Und im Bett nur noch wegschnarchen, obwohl sie ihn mit Champagner und Scampis überrascht hatte? «Es ist zum Heulen», klagte sie, als wir mal wieder miteinander telefonierten. «Wenn wir überhaupt noch Sex haben, dann im Urlaub. Ansonsten ist er immer zu müde.» Daß Lothars Interesse vor allem der nächsten Gehaltserhöhung galt und nicht dem großartigen Hintern seiner Gattin, hätte Theresa ja hingenommen – vorausgesetzt, er hätte auch anderen Frauen die entsprechende Gleichgültigkeit entgegengebracht. «Du solltest mal hören, wie der von der neuen Leiterin der Marketingabteilung schwärmt», lästerte sie wütend. «Wenn die sich mit ihren beknackten Vertriebsstrategien über seinen Schreibtisch beugt, läuft dem doch der Sabber aus dem Mund!» Als Theresa zwei Jahre später ihr erstes Kind bekam (Zeugungsort: Sardinien), wurde es nicht besser. Jetzt war sie abends genauso müde wie er, hatten die beiden noch nicht mal mehr im Urlaub die Chance, spontan übereinander herzufallen, und an den Wochenenden war er mit Rentabilitätsanalysen und sie mit vollen Windeln beschäftigt.

Kinderlose Paare, die beide Karriere machen, haben dieses Problem nicht. Dafür entwickeln sie manchmal andere Verhaltensmuster, die der Erotik abträglich sind. Mal abgesehen davon, daß die auch nicht allzuoft Gelegenheit haben, im Lotterbett rumzuliegen, leben viele Ehepaare in der verbleibenden Zeit in einer derart symbiotischen Beziehung, daß dieses Übermaß an Nähe jedem hormonellen Knistern den Garaus macht. Ich kenne ein Pärchen aus dem Freundeskreis meiner Schwester, die wie die Kletten aneinander kleben. Die beiden gehen maximal einmal die Woche aus, ansonsten hängen sie auf dem Sofa und kuscheln. Wenn er morgens im Bad steht, um sich zu rasieren, geht sie garantiert rein, um zu pinkeln, und denkt sich nichts dabei. Die reden auch nur in Babysprache miteinander, er nennt sie Puschelmäuschen, sie ihn Schlümpfchen. Irgendwie kann ich mir nicht vorstellen, daß ein Schlümpfchen von haltloser Geilheit übermannt wird und sein Puschelmäuschen von hinten über dem Bügelbrett nimmt. Man bumst keine Puschelmäuschen über Bügelbrettern, das geht nicht. Wenn sie bäuchlings auf dem Bett liegt, beugt er sich vermutlich bestenfalls über sie, um ihr einen Mitesser auf dem Rücken auszudrücken. Und in zwei, drei Jahren werden die beiden sich verwundert fragen, wann sie eigentlich das letztemal richtig guten Sex miteinander hatten.

Das klingt alles nicht sehr ermutigend, ich weiß. Aber man muß sich doch über diese Dinge beizeiten Gedanken machen, guter Sex ist nun mal keine Selbstverständlichkeit. Klar gehe ich zur Zeit noch davon aus, daß Patrick und ich in alle Ewigkeit gierig und nimmersatt aufeinander rumturnen werden. Aber gelegentlich beschleicht mich schon der Verdacht, daß man was dafür tun muß, um diesen wunderbaren Zustand gegenseitigen Begehrens zu konservieren. Ich denke da nicht an rote Strapse, Pärchenclubs oder Softpornos. So was finde ich ziemlich abtörnend, auch wenn ich verstehe, daß manche Leute daran Spaß haben und es ihre Sexualität bereichert. Aber es muß doch auch noch andere Möglichkeiten geben, den erotischen Reiz in der Ehe aufrechtzuerhalten.

Ich habe mal ein Interview mit einer Psychologin gelesen, die eindringlich vor zuviel Nähe in der Beziehung warnte. Wenn es zwischen einem Paar sexuell nicht mehr klappt, müsse man erst mal auf Distanz gehen. Man solle sich in seinen Job knien, seinen Hobbies nachgehen oder auch mal allein in Urlaub fahren, weil man für den anderen durch diesen Abstand plötzlich wieder an Attraktivität gewinnt und begehrenswert erscheint. Für die Schlümpfchen und Puschelmäuschen dieser Welt ist das sicher die richtige Methode. Aber was ist mit Beziehungen, wo beide Partner ohnehin halbwegs autonom sind und sich gegenseitig genügend Freiräume gewähren? Sollen die dann nur noch einen Abend pro Woche gemeinsam verbringen, um scharf aufeinander zu werden?

Da gefällt mir der Ansatz des indischen Philosophen schon besser, von dem mir Anna kürzlich erzählte. Der Mann behauptet, daß es möglich ist, den Zustand der Verliebtheit über Jahre festzuhalten. Indem man nämlich die Dinge, die man kurz nach dem Kennenlernen ganz selbstverständlich tat, auch noch Jahre später praktiziert. Daß man sich Zeit für den anderen nimmt, dem Zusammensein höchste Priorität einräumt und sich ganz bewußt verabredet. Daß man intensive Gespräche führt, sich füreinander interessiert und die Andersartigkeit des Partners respektiert. Daß man ihm Anerkennung entgegenbringt, seine Stärken wahrnimmt und ihm auch mal Komplimente macht. Daß man sich öffnet, seine Gefühle zeigt, lacht und weint und miteinander rumspinnt. Und daß man sich regelmäßig berührt, sich in den Arm nimmt und sich nicht nur auf die Wange küßt, sondern auch auf den Mund. Mit Zunge! Bis zum Bett ist es dann auch nicht mehr weit.

«Männer müssen nicht alles wissen»

Geheimnisse, die man nicht preisgeben darf

Es gibt Fehler, die macht man immer wieder. Obwohl man es eigentlich besser weiß und die Folgen bekannt sind. Aber irgendwie kann man nicht anders. Schon gar nicht, wenn man frisch verliebt ist. Und so haben wir es auch dieses Mal wieder verbockt. Haben uns am Anfang unserer Beziehung kitschigen Verschmelzungsphantasien hingegeben und unserer großen Liebe jedes Detail unseres bisherigen Lebens in haltloser Geschwätzigkeit dargelegt. Wir haben erzählt, daß unsere grausame Mutter uns als Kind den Genuß von Softeis untersagte, daß wir als Teenager fett waren und daß unsere vorletzte Affäre unter frühzeitiger Ejakulation litt. Warum auch nicht? Am Anfang einer Beziehung macht ein gewisses Maß an Offenheit ja durchaus Sinn. Immerhin schafft sie eine Intimität, die es rechtfertigt, daß zwei fast wildfremde Menschen Sitte und Anstand vergessen und mehrmals täglich kleine Schweinereien miteinander veranstalten. Aber dabei sollten wir es dann auch belassen.

Tun wir aber nicht. Im Gegenteil. Je inniger die Liebe und je größer das Vertrauen, desto intensiver wird unser Mitteilungsdrang. Spätestens zum Zeitpunkt der Hochzeit liegen die Fakten auf dem Tisch, und jeder der Beteiligten weiß, worauf er sich eingelassen hat. Geheimnisse gibt es keine mehr. Wie auch, wenn man jede Jugendsünde gebeichtet, jeden Gedanken breitgetreten, jede Ansicht referiert hat? Wenn man nur noch als Team auftritt und sich in guten wie in schlechten Taten aneinander angepaßt hat? Er hat feiste Schinkenbrötchen freiwillig vom Speiseplan verbannt und ißt wie sie zum Frühstück Müsli, sie hat ihre Faulheit überwunden und findet Mountainbike-Touren richtig klasse. Beide wählen grün.

An sich ist dagegen nichts einzuwenden. Nähe und Vertrauen, Offenheit und Übereinstimmung sind zweifellos wichtige Voraussetzungen für eine gute Ehe. Das Problem ist nur, daß zuviel davon jeden Reiz aus der Beziehung nimmt. Wenn jedes Verhalten, jede Äußerung des anderen vorhersehbar ist, wird es verdammt schnell langweilig. Und deshalb müssen wir als frischgebackene Ehefrauen retten, was zu retten ist, und unseren Mann von nun an aus bestimmten Lebensbereichen verbannen. Vor allem aber müssen wir endlich lernen, die Klappe zu halten.

Es gibt Dinge, die ein Ehemann nicht wissen muß. Weil es ihn nichts angeht, ihn kränken könnte, oder weil es ihn ohnehin nicht interessiert. Es gibt Geheimnisse, die man besser für sich behält. Weil es Ärger gibt, wenn man sie verrät, weil wir uns bloßstellen, wenn wir sie beichten, und weil wir auch innerhalb der Ehe das Recht auf ein Eigenleben haben.

Zu den Grundrechten jeder Frau gehört es, daß sie sich so oft und so lang sie will im Badezimmer aufhalten darf. Und zwar ohne daß ihr Mann unangekündigt hereinplatzt. Ich brauche keine Zeugen, wenn ich mir mit Heißwachs die Bikinizone enthaare oder mit zwei Stück Klopapier einen Mitesser ausdrücke. Keine sonderlich geheimnisvollen Vorgänge, mag sein, trotzdem gehört Körperpflege der ekligen Art in die menschliche Intimsphäre, und irgendwie würde es mich als Frau entmystifizieren, wenn der Mann meiner Träume mich dabei beobachten würde. Kann man eine Frau begehren, die mit einer schlammbraunen Haarpackung auf dem Badewannenrand sitzt und sich die Zehennägel schneidet? Eben. Und deshalb schließen wir in Zukunft die Tür ab.

Es gibt typisch weibliche Verhaltensweisen, für die Männer einfach kein Verständnis haben. Daß wir uns Gurkenmasken ins Gesicht knallen, finden sie noch halbwegs amüsant. Daß wir aber gelegentlich über Wochen hinweg nichts anderes zu uns nehmen als ebenjene Gurken, stößt bei unseren Lebensgefährten meistens auf große Irritation. Männer haben für Diäten einfach kein Verständnis. Obwohl wir längst auf das Format eines gutgenährten Walfischs angeschwollen sind, halten sie uns für ausgemachte Spielverderber, wenn wir plötzlich an trockenen Salatblättern knabbern und dreimal täglich auf die Waage steigen. «Mir gefällst du so, wie du bist», verkündet Patrick immer, wenn ich mal wieder über meine Figur jammere, und greift dann lustvoll in meinen Hüftspeck. Soll man mit so einem Mann diskutieren? Völlig zwecklos. Ich werde das Thema Gewicht jedenfalls nie wieder mit einem Mann besprechen und statt dessen heimlich fasten. Letztlich erntet man ja doch nur Spott und Gelächter, weil alle Bemühungen in Sachen Traumfigur früher oder später fehlschlagen und wir gierig schmatzend mit einer Familienpackung Schokokeksen vorm Fernseher sitzen. Diese Blöße will ich mir einfach nicht geben.

Mag sein, daß Männer für solche Schwächen Verständnis haben. Aber genau wie wir haben sie ein Idealbild des anderen im Kopf, das man ja nicht unbedingt mutwillig zerstören muß. Sollen sie ruhig glauben, daß wir von Natur aus schön und schlank und selbstbewußt sind, daß wir wichtigere Dinge im Kopf haben als die Konsistenz unseres Bindegewebes. Was ja durchaus richtig ist. Denn ebensooft wie über ihr Aussehen denken Frauen über ihr Innenleben nach. Und über ihre Beziehung. Was völlig in Ordnung ist, solange man seine Gedanken nicht ständig vor seinem Partner breittritt. Daß Probleme in der Partnerschaft besprochen werden müssen, ist klar. Natürlich muß ich mich an meinen Mann wenden können, wenn ich Kummer habe oder mich ärgere. Er soll auch wissen, wenn ich mich freue und warum. Aber muß ich ihn an jeder kleinen, nebensächlichen Gefühlsregung teilhaben lassen? Als ich Anfang Zwanzig war, habe ich meinem Freund regelmäßig aus meinem Tagebuch vorgelesen: «Gestern war ich irgendwie traurig. Ich weiß gar nicht, warum. Der Sommer ist vorbei. Über meinem Herzen liegt Nebel.» Wie soll ein unschuldiger junger Mann, der gerade über seine nächste Politikklausur nachdenkt, auf so einen Schwachsinn reagieren? Immerhin hat es mein Freund damals geschafft, interessiert zu gucken, aber eigentlich ist es ein Gebot der Nächstenliebe, daß man dem Mann an seiner

Seite derlei gedanklichen Mampf erspart. Und zwar nicht nur, weil es peinlich ist.

In einer engen Beziehung teilt man fast alles miteinander. Die Wohnung. Das Bett. Den Zahnputzbecher. Es ist extrem schwer, Bereiche aufrechtzuerhalten, in denen man ohne den anderen schalten und walten kann. Zumindest meine Gedanken möchte ich da gelegentlich für mich behalten. Ich möchte mich verrückten Phantasien hingeben und mich im stillen darüber amüsieren. Ich möchte über Beziehungsprobleme grübeln, ohne daß daraus gleich eine riesige Diskussion entsteht. Ich möchte Pläne schmieden und meinen Mann einfach vor vollendete Tatsachen stellen. Auch um seinetwillen: Eine Frau, die ein Eigenleben hat, die für Überraschungen sorgt und manchmal unberechenbar ist, finden Männer nämlich viel aufregender als eine, die selbst aus einem Schluckauf («alles psychisch!») ein abendfüllendes Thema macht.

Es gibt zahlreiche Geheimnisse im Leben einer Frau, die wir schon allein deshalb wahren sollten, weil uns das Glück unseres Mannes am Herzen liegt und wir ihn auf keinen Fall kränken oder verunsichern wollen. In diesem Zusammenhang fällt mir Anna ein, deren Ehemann Jan sie beim ersten Date mit selbstgekochten Spaghetti beglückte. Jan kann bis heute nicht kochen, und Anna erzählte mir damals kichernd von den schleimigen Champignons in klumpiger Sahnesoße, die sie bei jenem Essen natürlich in den höchsten Tönen lobte. Jan lebt in der festen Überzeugung, daß Anna nichts lieber ißt als Spaghetti. Die er seither regelmäßig zubereitet, um Anna eine Freude zu machen. Selbstverständlich bringt Anna es nicht übers Herz, ihm die Wahrheit zu sagen. Daß sie nämlich Champignons schon immer eklig fand und ihr von seinen Spaghetti jedesmal schlecht wird.

Gnädige Lügen dieser Art gibt es in jeder Beziehung ohne Ende. Und das ist auch gut so. Warum sollten wir ihm sagen, daß wir die fischförmige Silberbrosche, die er uns zum Geburtstag geschenkt hat, geschmacklos finden? Irgendwann werden wir sie einfach verlieren und tiefes Bedauern heucheln. Warum sollen wir ihm verraten, daß wir schon mit sechzehn einen Schlagbohrer bedienen konnten (und zwar ohne die betroffene Wand in eine Kraterlandschaft zu verwandeln), wenn wir genau wissen, daß er sich für den größten Heimwerker aller Zeiten hält? Wir bewahren dieses Wissen einfach in unserem Herzen und freuen uns an seinem Eifer.

Es gibt natürlich auch Geheimnisse, die wir hüten sollten, weil es uns eine Menge Ärger erspart. In diese Kategorie fallen Seitensprünge und heftige Flirts, besonders dann, wenn unser Partner zur Eifersucht neigt. Es gibt keinen vernünftigen Grund, erotische Eskapaden zu gestehen, es sei denn, man will seinen Partner ohnehin verlassen. Daß andere Männer sich für uns interessieren, darf er ruhig wissen – das kann einen eingeschlafenen Ehemann durchaus beleben. Ansonsten sollten andere Männer als Thema aber weitgehend tabu bleiben. Wir beichten weder, daß wir anfangs in seinen besten Freund verliebt waren, noch erzählen wir diesen äußerst aufregenden Traum letzte Nacht, in dem sein jüngerer Bruder die Hauptrolle spielte. Auch wenn wir das ausgesprochen komisch finden – die wenigsten Männer sind so tolerant, daß sie über solche Geschichten schmunzeln können.

Eine gewisse Geheimniskrämerei empfiehlt sich auch bei den diversen Anschaffungen, die Frauen mehrmals im Monat in dekorativen Tüten nach Hause tragen. Natürlich verdienen wir unser eigenes Geld und können damit machen, was wir wollen. Aber irgendwann hat man einfach keine Lust mehr, zu erklären, warum «dieser lächerliche Fetzen Stoff» 398 Mark kostet. Ein Mann wird nie verstehen, daß es sich bei dieser Bluse um ein Wahnsinnsschnäppchen handelt und daß wir in Wahrheit gut 500 Mark gespart haben, weil der dazugehörige Hosenanzug um die Hälfte reduziert war. Meine Freundin Nina ist inzwischen dazu übergegangen, sämtliche Klamotten ab einer bestimmten Preiskategorie als Second-Hand-Ware auszugeben. Spottbillig und qualitativ hochwertig. Oder sie bedient sich Sylvies vermeintlicher Gewichtsprobleme, um ihre neuen Klamotten zu legitimieren: «Hat sie mir geliehen, bis sie wieder reinpaßt», erzählt sie ihrem Mann und verstaut ihre schweineteuren Schätze sodann störungsfrei im Kleiderschrank.

Apropos Klamotten: Eines der nützlichsten Geheimnisse, die Frauen niemals preisgeben sollten, befindet sich an unserer Waschmaschine. Es ist der kleine runde Schalter, der die Temperatur regelt. Und wenn wir zufällig seinen scheußlichen rosa Lieblingspulli aus dem Wäschekorb fischen, während er beim Tennisspielen ist, befördern wir ihn zusammen mit der Kochwäsche in die Trommel und drehen den kleinen runden Schalter auf hundert Grad. Wenn wir zwei Stunden später einen verfilzten Wollbatzen aus der Maschine ziehen, sind wir selbstverständlich am Boden zerstört.

Wie gesagt, es geht in diesem Fall lediglich darum, uns überflüssige Diskussionen zu ersparen. Und wenn kleine heimliche Aktionen unser Leben erleichtern, sollten wir nicht darauf verzichten. Außerdem dürfen wir natürlich nicht vergessen, daß virtuose Täuschungsmanöver auch dazu taugen, uns in den Augen des anderen interessant zu machen.

Wie einfach und effektiv es sein kann, einen Mann hinters Licht zu führen, weiß jede Frau, die schon mal zwei Stunden vorm Spiegel gestanden hat, um sich so zu schminken, daß er es nicht merkt. «Du siehst sogar ungeschminkt großartig aus», schwärmt er begeistert und hat keinen Schimmer, daß ihr bezaubernd-natürlicher Teint aus einer kleinen Tube im Badezimmer kommt.

Solche kleinen Mogeleien sind allein deshalb legitim, weil sie die Liebe neu beleben und den Mann in einen Zustand der Freude und Dankbarkeit versetzen. Meine ersten positiven Erfahrungen in diese Richtung konnte ich bereits als Teenager im Umgang mit meinem Vater sammeln. Der liebte damals nichts mehr als selbstgemachte Mousse au chocolat. Deren Zubereitung nahm gut und gern zwei Stunden in Anspruch. Aus Gründen der Rationalität bin ich sehr schnell dazu übergegangen, praktische Fertigprodukte zu verwenden: Pulver in die Schüssel, Milch drauf, Mixer rein, und schon war das Werk vollbracht. Am Abend servierte ich meinem Vater sein Lieblingsdessert und erzählte in aller Ausführlichkeit, wie ich im Schweiße meines Angesichts Schokolade geraspelt und im Wasserbad geschmolzen hätte, nur um ihm eine Freude zu machen: «Puppele, das ist aber lieb von dir!» rief er gerührt, und irgendwie schienen seine

Geschmacksnerven vor lauter Glück zu versagen, so daß er den Unterschied nie bemerkte.

So was prägt natürlich fürs Leben. Ich habe jedenfalls nicht die Spur eines schlechten Gewissens, wenn ich gelegentlich praktische Lügen auftische, die mir nützen und dem Mann an meiner Seite nicht schaden. So habe ich zum Beispiel immer wieder große Erfolge damit erzielt, meinem aktuellen Lebensgefährten ganz nebenbei ungeahnte Talente zu präsentieren, die ihn in Ehrfurcht und Staunen versetzen. Patrick erzählte ich kürzlich, daß ich als junges Mädchen hessische Landesmeisterin im Rhönrad war. Natürlich habe ich in meinem ganzen Leben nie in diesem albernen Sportgerät gehangen, aber Patrick war ehrlich begeistert, daß ich als Jugendliche diesem ungewöhnlichen Hobby nachgegangen bin. Für den Rest des Tages war er sehr verliebt.

Trotz solcher gelungenen Manöver sollte man die Männer natürlich nicht unterschätzen. Ganz so naiv, wie wir manchmal glauben, sind sie nämlich nicht. Eine Kollegin von mir lag vor einiger Zeit mit Grippe im Bett und war nicht in der Lage aufzustehen. Ihr Mann nahm sich Urlaub und kümmerte sich rührend um sie. Übernahm den Haushalt, spielte mit den Kindern und brachte in stündlichen Abständen Tee und Kekse ans Bett. Nach einer Woche hielt sie es nicht mehr aus. «Schatz, ich muß dir was beichten», sagte sie kleinlaut, als er ins Schlafzimmer kam. «Ich bin überhaupt nicht krank.» Er grinste über beide Backen: «Ich weiß», sagte er und küßte sie auf die Nase. «Und jetzt bleibst du schön im Bett und erholst dich noch ein bißchen.» Womit bewiesen wäre, daß von allen Geheimnissen die gemeinsamen die schönsten sind.

«Kommt ihr am Wochenende?»

Der Ärger mit den Schwiegereltern

Mit Fug und Recht kann ich behaupten, daß ich in meinem bisherigen Leben drei Menschen wirklich glücklich gemacht habe. Es handelt sich hierbei um die Mütter meiner Exfreunde, und vermutlich danken diese Frauen bis zum heutigen Tage ihrem Schöpfer, weil ich ihnen als Schwiegertochter erspart geblieben bin. Für die Mutter meiner ersten großen Liebe war ich eine Enttäuschung, weil ich durch mangelndes Engagement eine glanzvolle Akademikerkarriere zunichte machte. Daß ihr bezaubernder Sprößling zu notorischer Arbeitsscheu neigte, wußte sie selbst. Aber irgendwie hatte sie wohl die Vorstellung, daß ich ihn allmorgendlich aus meinem warmen Bett an die Uni hätte peitschen müssen, damit aus dem Jungen doch noch was wird. Zugegebenermaßen hatte ich damals anderes im Sinn.

Die Mutter von Traummann Nummer zwei konnte ich ebensowenig von meinen Qualitäten als potentielle Schwiegertochter überzeugen. Sie war die personifizierte Selbstlosigkeit und konnte ihrem Sohn keinen Wunsch verwehren, wozu ich gutgelaunt und ohne jegliche Schuldgefühle in der Lage war. Was sie mir logischerweise ziemlich übel nahm. Auch die Mutter meines letzten Freundes hielt mich als zukünftige Schwiegertochter für eine krasse Fehlbesetzung. Im Vergleich zu ihr, einem feinsinnigen, kunstverständigen Geschöpf von filigraner Gestalt und bestechender Schönheit, wirkte ich natürlich wie ein tumber Bauerntrampel. Vermutlich hatte sie Angst, daß ich ihr in naher Zukunft eine grobknochige, ungehobelte Enkelschar auf den Hals hetzen würde.

Wie gesagt, in allen drei Fällen ging die Sache glimpflich ab, wir blieben einander erspart. Das ist eben der Vorteil von jugendlichen Liebschaften: Sie führen selten zur Heirat, und man lebt in der angenehmen Gewißheit, daß man sich mit den Eltern seines Partners nur vorübergehend auseinandersetzen muß. Außerdem lassen sich, solange man nicht verheiratet ist, die Begegnungen auf ein zuträgliches Maß reduzieren. Als Lebensabschnittsgefährtin muß man nicht jeden zweiten Sonntag zum Kaffeetrinken antreten und kann sämtliche Weihnachtsfeiertage ohne schlechtes Gewissen bei seiner eigenen Familie verbringen. Man muß weder die Geburtstage der Eltern seines Liebsten auswendig lernen, noch muß man nächstes Wochenende beim Wohnzimmerstreichen helfen. Mit der Hochzeit ändert sich dieser komfortable Zustand schlagartig. Ab jetzt gehört man zur Familie und bekommt von einem Tag auf den anderen zwei zusätzliche Eltern vor die Nase gesetzt, mit denen man sich irgendwie arrangieren soll. Was ziemlich bitter ist: Da hat man die letzten dreißig Jahre mühsam daran gearbeitet, ein halbwegs vernünftiges Verhältnis zu seinen eigenen Eltern zu etablieren, und nun fängt der ganze Ärger von vorn an.

Erfahrungsgemäß liefern bereits die Hochzeitsvorbereitungen den ersten Vorgeschmack in Sachen schwiegerelterlicher Einmischung: Wo gefeiert wird und mit wem, was gegessen wird und wieviel, wer wo sitzt und warum – all das sind Fragen, die nicht nur unsere eigene, sondern auch die Mutter unseres zukünftigen Ehemannes zu täglichem Telefonterror verleiten können. Nun haben wir unsere eigene Mutter ja in einem jahrelangen erzieherischen Kraftakt endlich dahin gebracht, daß sie sich mit einem energischen «Mami, du nervst!» in die Schranken weisen läßt, ohne zu schmollen. Aber können wir das auch von unserer Schwiegermutter erwarten? Natürlich nicht! Ein falsches Wort, ein vorlautes «meine Sache», und schon haben wir für die nächsten zwanzig Jahre verschissen.

An dieser Stelle wird deutlich, daß es sich bei den vielzitierten Problemen mit den Schwiegereltern um eine grobe Verallgemeinerung handelt. Die meisten Frauen haben nämlich keinen Ärger mit ihren Schwiegereltern, sondern ausschließlich mit der Mutter ihres Mannes. Die Väter sind in der Regel weitgehend harmlos und wohlmeinend, im Idealfall sogar ausgesprochen charmant und hoch erfreut, weil plötzlich eine junge Frau in ihrem Blickfeld erscheint, an deren knackigem Hintern sie sich nunmehr mit väterlichem Wohlwollen erfreuen können. Klagen über zänkische Schwiegerväter hört man jedenfalls so gut wie nie. Mir ist auch noch kein launiger Schwiegervaterwitz zu Ohren gekommen, und in der bundesweiten «Selbsthilfe-Initiative für Schwiegertöchter» wird ausschließlich über das weibliche Exemplar der Gattung «Schwieger-Tiger» gejammert.

Dabei muß eine Schwiegermutter gar nicht mal besonders bösartig sein, um die Gattin ihres Sohnes an den Rand der Verzweiflung zu treiben. Das läßt sich bereits mit einer wohldosierten Mischung aus Fürsorge, Hilfsbereitschaft und gut abgehangener mütterlicher Erfahrung bewerkstelligen, wie mir meine Freundin Tina in regelmäßigen Krisenberichten von der Familienfront glaubhaft versichert. Tinas Mann Jochen ist wie alle Männer ausgesprochen wehleidig. Und wie alle Männer bleibt er, sobald er ein leichtes Kratzen im Hals verspürt, sicherheitshalber im Bett, um sich «auszukurieren». Was weiter kein Problem wäre, wenn nicht jedesmal Jochens besorgte Mutter auf den Plan treten würde, um diesen Vorgang zu beschleunigen. Wenn Tina an solchen Tagen von der Arbeit nach Hause kommt, riecht die ganze Wohnung nach Hühnerbrühe. Auch im ehelichen Schlafzimmer entdeckt sie sofort die Spuren der mütterlichen Zuwendung: Jochen trägt einen Halswickel, auf dem Nachttisch stapeln sich Aspirinpackungen, daneben Halstabletten und ein Fieberthermometer. «Reg dich nicht auf, Schatz», stößt Jochen angesichts des Killerblicks seiner Gattin dann jedesmal aus dem frisch aufgeschüttelten Kopfkissen matt hervor, «sie meint es doch nur gut.» Tina sieht die Sache etwas anders: Das sei nichts als ein versteckter Vorwurf, sagt sie, nach dem Motto: «Wenn du dich nicht um den armen Jungen kümmerst, muß ich es eben tun!»

Krankheit war auch zwischen Theresa und ihrer Schwiegermutter das zentrale Thema. Seit Lothars Vater gestorben war, litt seine Mutter an immer neuen Weh-

wehchen, die vor allem einem Zweck dienten: daß Theresa und Lothar regelmäßig vorbeischauten, um ihr am Krankenbett die Zeit zu vertreiben. «Mir wurde schon freitags speiübel, weil ich wußte, was uns am Wocheende bevorsteht», erzählte mir Theresa voller Verzweiflung. Jeden Samstag fuhren die beiden brav nach Starnberg und wurden mit neuen Details über Darmverschlingungen, Gürtelrosen und eiternde Furunkel versorgt. «Ich war von Anfang an überzeugt, daß sie das alles erfand, um im Mittelpunkt zu stehen», so Theresa. Aber weil Lothar und sie nicht sicher sein konnten, ob an diesen Krankheitsgeschichten nicht doch was dran war, nahmen sie die samstägliche Tortur auf sich.

Noch schlimmer war die Story, die Heike mir am Anfang ihrer Beziehung mit Harald erzählte. Als sie Mutter und Sohn das erstemal gemeinsam erlebte, packte sie das blanke Entsetzen ob soviel Innigkeit. «Das war richtig ekelhaft. Die beiden saßen zusammen auf dem Sofa, und seine Mutter fummelte ständig an ihm rum, als sei sie seine Geliebte. Als wir nach dem Kaffeetrinken spazierengingen, hakte sie sich bei ihm unter, und ich durfte hinterhertrotten.» Das Problem löste sich zum Glück von selbst: Haralds Mutter zog kurz vor der Hochzeit an den Bodensee, Heike und Harald veränderten sich nach Hamburg, und mit einem Sicherheitsabstand von fast 1000 Kilometern konnte Heike ihre Schwiegermutter gut ertragen.

Wenn man solche Geschichten hört, fragt man sich natürlich, warum sich die Männer ein solches Verhalten von ihren Müttern bieten lassen, warum sie diese übertriebene Fürsorge und Hingabe, diese ständigen Forderungen und Vorwürfe nicht ebenso unerträglich finden wie wir. Zum einen liegt das vermutlich daran, daß Männer Konflikte scheuen wie der Nacktmull das Sonnenlicht. Auseinandersetzungen mit Frauen sind ihnen ein besonderes Greuel, egal ob Partnerin oder Mutter, denn beide reagieren aus männlicher Sicht gleichermaßen irrational und hysterisch. Zum anderen sind fast alle Männer Muttersöhnchen, so cool, stark und männlich sie auf den ersten Blick auch wirken mögen. Das klingt nach einer boshaften Unterstellung, ist aber die reine Wahrheit, was ich mit Hilfe eines kleinen tiefenpsychologischen Exkurses hieb- und stichfest beweisen kann: Muttersöhnchen sind sie deshalb, weil der größte Teil der Männer unserer Generation ausschließlich von seinen Müttern erzogen wurde. In den meisten Familien war der Vater so gut wie nie anwesend, er mußte Geld verdienen und Karriere machen, und am Wochenende verschwand er auf den Tennisplatz. Und weil eine männliche Identifikationsfigur fehlte, blieb nur die Mutter als übermächtige, immer präsente Person, von der sich der Sohn nicht lösen konnte. Den Müttern war das nur recht: Weil ihre Männer eh nie da waren, beförderten sie ihren kleinen Sohn zum Ersatzmann. Er war der Märchenprinz, der Traummann im Miniformat, der sie grenzenlos bewunderte, immer zuhörte und an den sie sich mit all ihrer Liebe klammern konnten. Kein Wunder, daß es diese Söhne auch als erwachsene Männer nicht fertigbringen, ihre Mütter auf Abstand zu halten. Und kein Wunder, daß eine solche Mutter jede Frau, die sich in ihren Sohn verliebt, als Rivalin erlebt, mit der sie um seine Gunst konkurrieren muß.

Klar, es gibt auch löbliche Ausnahmen. Souveräne und selbstbewußte Frauen, die die Auserwählte ihres Sohnes zärtlich an die mütterliche Brust drücken, ansonsten aber das Wochenende am liebsten allein mit ihren Topfpflanzen verbringen. Nur ist die Wahrscheinlichkeit, daß ausgerechnet wir an eine solches Prachtexemplar geraten, verdammt gering, deshalb sollten wir den Tatsachen ins Auge blicken und uns auf Ärger einstellen. Die Frage ist nur: Was kann man tun, wenn man eine Schwiegermutter an Land gezogen hat, die einen als Konkurrentin empfindet? Die sich in alles einmischt, munter gegen uns intrigiert oder sich mit uns gegen ihren Sohn verbünden will, um Einfluß zu gewinnen? Die psychologisch wertvolle Variante wäre es, Verständnis für sie aufzubringen und im Falle eines Konfliktes das Gespräch von Frau zu Frau zu suchen. Man könnte ihr versichern, daß man ihr keinesfalls den Sohn wegnehmen will, daß man ihre Tips zwar schätzt, aber sein Leben selbst gestalten möchte, daß man sie als Mutter seines Partners respektiert, sich von ihr jedoch nicht in die Ecke drängen lassen will. Ob so ein Gespräch allerdings fruchtet? Ich habe da meine Zweifel. Bei der Generation unserer Eltern gehört die Bereitschaft zu offenen, konfliktorientierten Gesprächen nicht gerade zur Standardausstattung, und wenn die Fronten bereits verhärtet sind, kommt man vermutlich kaum zu einem befriedigenden Ausgang. Da lockt man seine Schwiegermutter beispielsweise zum Zwecke einer Aussprache in ein nettes Café und gewährt ihr mit ruhiger Stimme Einblick in die eigene Gefühlslage: «Roswitha, ich habe den Eindruck, daß du mich ablehnst.»

Empörtes Stirnrunzeln: «Wie kommst du denn darauf?»

Kurzes Schweigen: «Na ja, du redest kaum mit mir, schwärmst in meiner Gegenwart von Axels Exfreundin, und an meinem letzten Geburtstag hast du nicht mal angerufen ...»

Die Schwiegermutter zuckt zusammen. «Und meinen Geburtstag? Den hast du wohl schon vergessen. Da mußtet ihr ja in Urlaub fahren, und außer diesem scheußlichen Fleurop-Gestrüpp ... Also, die Gabi damals, die war ganz anders. Hat mir zu jedem Geburtstag einen Kuchen gebacken, aber backen kannst du ja auch nicht, so ist das wohl mit euch sogenannten Karriere-frauen, mein armer Axel, der wird sich noch umgucken, wegen so einer hat er die Gabi – aber das ist seine Sache, mich geht das ja nichts an ...» Spricht's und rennt schluchzend auf die Damentoilette.

Soviel zum Thema offene Gespräche. Ich würde in so einem Fall nicht hinterherlaufen, um meine Schwiegermutter zu trösten, sondern zahlen und das Café verlassen. Meiner Ansicht nach ist Distanz nämlich die sinnvollste Strategie, um ein halbwegs vernünftiges Verhältnis mit schwierigen Schwiegereltern herzustellen. Warum sollte man krampfhaft um eine innige Beziehung kämpfen, wenn man mit der Mutter seines Partners einfach nicht warm wird, sie unsympathisch oder langweilig findet? Niemand kann erwarten, daß zwei wildfremde Frauen plötzlich Freundinnen werden, nur weil sie den selben Mann lieben. Es genügt doch, wenn man höflich bleibt, den guten Ton wahrt und den Kontakt ansonsten auf ein erträgliches Maß reduziert. Und wenn es zwischendurch trotzdem zu Konflikten kommt, muß man sich eben überlegen, ob man das ignorieren kann, oder ob man es auf einen Streit ankommen läßt.

Meiner Ansicht nach ist es viel wichtiger, daß man mit dem Partner einen Konsens in der Elternfrage findet. Wenn beide der Meinung sind, daß man Einmischungen seitens der Eltern nur bis zu einem gewissen Grad tolerieren kann, daß sie nicht bei jedem Sonntagsessen mit seiner Familie dabeisein muß und er die Kochkünste seiner Mutter nicht zum Maß aller Dinge erklärt, läßt sich der Ärger meistens in Grenzen halten. Ebenso wichtig ist es, daß man dem Partner im Umgang mit seinen Eltern die gleichen Rechte und Freiheiten einräumt, die man für sich selbst in Anspruch nimmt. Was nicht immer gelingt. Sylvie zum Beispiel hatte sich kurz nach ihrer Hochzeit bitter bei mir beschwert, daß Stefan dreimal die Woche mit seiner Mutter telefonierte, und das nicht unter einer halben Stunde. Daß sie selbst jeden Tag stundenlang mit ihrer Mutter an der Strippe hing, regelmäßig zum Abendessen dorthin marschierte und darüber hinaus einmal im Jahr mit ihren Eltern in Urlaub fuhr, fand sie dagegen nicht weiter erwähnenswert. Irgendwie wurde ich den Eindruck nicht los, daß sie Stefan vorwarf, was sie selbst nicht zustande gebracht hatte: sich nämlich mit Anfang Dreißig endlich mal von ihrem Elternhaus zu lösen. Statt sich mit den eigenen Eltern auseinanderzusetzen, kritisierte sie lieber an Stefans Verhältnis zu seiner Mutter herum, obwohl die beiden in Wahrheit ganz entspannt miteinander umgingen.

Manchmal steckt auch ein simples Beziehungsproblem dahinter, wenn sich Frauen plötzlich über die Zuneigung zwischen ihrem Ehemann und dessen Mutter mokieren. Wenn man auf einmal Rivalitätsgefühle entwickelt, nur weil die beiden so nett miteinander plaudern, könnte es daran liegen, daß man sich selbst in letzter Zeit vernachlässigt fühlt und eifersüchtig auf jedes nette Wort reagiert, das er an eine andere Frau richtet – selbst wenn es seine eigene Mutter ist.

Dabei wäre es ganz einfach, unseren Schwiegereltern mit mehr Sympathie zu begegnen. Wenn wir uns nämlich in kritischen Situationen einfach ins Gedächtnis rufen würden, wem wir zu verdanken haben, daß es diesen hinreißenden Mann an unserer Seite überhaupt gibt. Wer so was zustande gebracht hat, kann doch eigentlich fast nichts mehr falsch machen.

«Du kotzt mich an!»

Streiten leicht gemacht

Manchmal, wenn ich nichts Anständiges zu lesen habe oder mich sonstwie langweile, denke ich an den Tod. Ich stelle mir dann gern vor, was meine Lieben wohl über mich sagen würden, wenn es mich plötzlich und unerwartet dahinraffen würde. Zunächst mal wären sie natürlich sehr traurig, das ist ebenso naheliegend wie erfreulich. Zum anderen aber würden sie sich, sobald sie ihre Fassung wiedergewonnen hätten, all meiner guten Eigenschaften erinnern. In meiner Phantasie schüttelt Patrick an dieser Stelle von Trauer durchflutet das gramgebeugte Haupt und seufzt: «Sie war so ungeheuer sanftmütig!»

Eine zauberhafte Vorstellung, wie ich finde, denn Sanftmut schmückt eine Frau ungemein. Nicht unbedingt als alleiniges Attribut, das klänge zu unterwürfig, aber sagen wir Sanftmut gepaart mit Geist oder Intelligenz – das ist doch einfach unschlagbar. Zu meinem großen Bedauern wird kein Mann mir jemals Sanftmut nachsagen können, denn, egal ob tot oder lebendig, in meinem Fall wäre das schlicht gelogen. Ich neige zu Hysterie und Temperamentsausbrüchen, fahre bei den nichtigsten Anlässen aus der Haut, und es ist überflüssig zu betonen, daß vor allem mein Partner unter diesem Mangel an Gelassenheit zu leiden hat. Letzte Woche habe ich

Patrick beispielsweise mit drei dunkelbraunen Halbschuhen, einem Schlüsselbund, einem Linda-Barnes-Krimi und seinem schnurlosen Telefon bombardiert, weil er abends um neun schon im Bett lag und schlief, während ich mich auf einen romantischen Abend bei Kerzenlicht und Rotwein gefreut hatte.

Das war nicht nett von mir, und hinterher habe ich mich natürlich geschämt, aber manchmal kann ich eben nicht anders. Es macht mich wahnsinnig, wenn ich mich mit Patrick auseinandersetzen will, und er reagiert nicht. Schlafen ist keine Entschuldigung. Aber dieses Phänomen kennt vermutlich jede Frau: Da pumpt man zornig auf seinen Partner ein, ärgert sich, weil er den Müll nicht runtergebracht, den Hochzeitstag vergessen oder beim Frühstück kein Wort gesprochen hat. Und er sitzt nur da, läßt die Abreibung stumm und etwas gekränkt über sich ergehen, während wir die zänkische Furie geben.

Sollen wir die Männer deswegen bedauern? Im Gegenteil. Eigentlich müßten sie uns dankbar sein. Wir übernehmen nämlich mal wieder die Dreckarbeit, mit der sich die Herren ihre zarten Hände nicht schmutzig machen wollen. Streit und Auseinandersetzungen sind für eine Beziehung unerläßlich, auch wenn sie nicht zwingend so lautstark daherkommen müssen. Liebe ist nämlich nicht nur ein Gefühl, sondern auch die Begegnung von zwei Menschen und deren Interessen. Und die sind nun mal in den seltensten Fällen identisch. Also muß verhandelt werden. Über ihre Wünsche und seine, über Hoffnungen und Enttäuschungen und darüber, wer das Waschbecken putzt. Das ist besonders in der Ehe notwendig, denn da hat man schließlich den hehren Vorsatz, etwas länger als üblich zusammenzubleiben. Ein Streit kann da wahre Wunder wirken, denn er verbindet, weil er zunächst einmal trennt: Wer mit seinem Partner streitet, erlebt ihn als fremd. Und dieser Abstand besänftigt und gibt uns die Möglichkeit, wieder aufeinander zuzugehen.

Problematisch wird die ganze Sache nur deshalb, weil Männer in der Regel vor Auseinandersetzungen zurückschrecken. Klar gibt es auch Situationen, in denen er von sich aus einen Streit vom Zaun bricht. Weil sie sein neues Auto zu Schrott gefahren hat, öffentlich mit einem anderen geknutscht hat oder ihn mit einem ausgedehnten Spaziergang vom Wimbledon-Endspiel abhalten will. Ansonsten erweisen sich Männer aber als überwiegend friedfertig und wollen vor allem ihre Ruhe. Mit Frauen kann man doch eh nicht streiten, sie sind irrational, laut und uneinsichtig, also was soll das Theater. Und so folgt der Streit dann dem üblichen Muster: Sie nörgelt, er schweigt, sie schimpft, er taucht ab, und dann fängt sie an zu brüllen, in der Hoffnung, wenigstens wahrgenommen zu werden.

Als wüßten wir es nicht besser. Lautstärke war noch nie ein Argument, und das UEFA-Cup-Finale ist der denkbar schlechteste Zeitpunkt für eine Auseinandersetzung. Uns ist bekannt, daß wir den anderen nicht mit Vorwürfen bombardieren, sondern unsere gekränkten Gefühle ruhig und nachvollziehbar darlegen sollen. Daß wir ihn nicht ständig unterbrechen dürfen, wenn er sich rechtfertigt, und daß ein Kompromiß wünschenswerter ist als eine Kapitulation. Und dann passiert es trotzdem, aus dem lächerlichsten Anlaß. Ein falsches Wort, eine mißverständliche Geste, und plötzlich steigt die kalte Wut in uns hoch, alle guten Vorsätze sind vergessen, und wir rasten aus.

Daran läßt sich vermutlich nicht viel ändern, so bedauerlich das ist. Auseinandersetzungen folgen nun mal bestimmten Mustern, und Temperamentsausbrüche gehören dazu. Trotzdem wollen wir an dieser Stelle die typisch weiblichen Streitstrategien beleuchten und auf ihre Vor- und Nachteile abklopfen. Der Anschaulichkeit halber wähle ich ein Beispiel aus dem alltäglichen Miteinander von Mann und Frau: Sie hat Überstunden gemacht, kommt gegen 21 Uhr erschöpft nach Hause und findet ihren Gatten entspannt im Fernsehsessel ruhend vor. Das Geschirr vom Wochenende ist noch immer nicht gespült.

Der Abgang

Er: Ach, Liebling, da bist du ja schon. Ich wollte gerade den Abwasch machen …

Sie: Großartig. Dann kann ich jetzt wenigstens in Ruhe packen!

Er: Wieso packen? Willst du verreisen?

Sie: Nein. Ich verlasse dich, du faules Schwein.

Er: Aber Liebling …

Sie: Nichts da, «Liebling». Ich habe dich gewarnt. Wenn du mich noch einmal hängenläßt, bin ich weg, habe ich gesagt. Und jetzt ist es soweit.

Er: Ich dachte …

Sie: Wunderbar, denk ruhig weiter. Jetzt hast du nämlich endlich genügend Zeit dazu. Aber ohne mich. Mich siehst du hier nie wieder! (Dreht sich auf dem Absatz um und verläßt wutschnaubend die Wohnung.)

Vorteil: Ein großartiger Auftritt, keine Frage. Virtuos wird hier mit den Verlustängsten des Mannes gearbeitet, und statt sich auf langwierige und nutzlose Auseinandersetzungen einzulassen, wird der Gatte einfach vor vollendete Tatsachen gestellt. Er lernt: mit uns nicht. Neben diesem pädagogischen Effekt liegt in der beherzten Flucht die Chance, das Problem aus der Distanz noch mal zu überdenken und den Konflikt in die richtige Dimension zu rücken. Meistens beruhigt man sich schneller, wenn sich die Wurzel allen Übels nicht in Sichtweite befindet.

Nachteil: Haben wir bei unserer Hochzeit nicht versprochen, in guten wie in schlechten Zeiten zusammenzuhalten? Eben. Und deshalb ist es keine Glanzleistung, wenn wir beim kleinsten Konflikt feige das Weite suchen. Außerdem: wo sollen wir hin? Wir haben nämlich keine eigene Wohnung mehr, in die wir im Krisenfall ausweichen können. Bleiben nur die Eltern oder die beste Freundin. Auf Dauer ist das aber auch keine Lösung. Und was viel schwerer wiegt: Spätestens nach der dritten Flucht inklusive reumütiger Rückkehr verliert diese Inszenierung an Glaubwürdigkeit.

Die Abrechnung

Er: Ach, Liebling, da bist du ja schon. Ich wollte gerade den Abwasch machen …

Sie: Wie? Das kann ja wohl nicht wahr sein. Die Küche sieht ja immer noch aus wie ein Saustall!

Er: Ich wollte …

Sie: Ja, genau. Immer nur ICH, ICH, ICH. Denkst du eigentlich auch mal an was anderes als an dich und deine beschissenen kleinen Bedürfnisse?

Er: Aber ...

Sie: Kein aber. Du bist der mieseste Egoist, der mir je begegnet ist. Was war denn letzten Sommer, als ich unbedingt nach Dänemark wollte, um mich zu erholen? Wo waren wir dann? In Italien. Weil du nichts anderes als Fressen und Saufen im Kopf hast. Weißt du eigentlich, wie mir deine ständige Sauferei auf den Wecker geht? Schau dich doch mal an. Fett und schwammig bist du geworden. Ist das der Grund, warum du keinen mehr hochkriegst? Seit vier Wochen haben wir nicht mehr miteinander geschlafen, du lächerlicher Versager. Du kotzt mich an!

Vorteil: Wie ungeheuer erleichternd, wenn man seinem angestauten Ärger endlich mal Luft machen kann. Außerdem wird es höchste Zeit, daß er mal erfährt, was uns an ihm und der Beziehung stört. Es geht doch nicht, daß er ständig auf unseren Bedürfnissen rumtrampelt, während wir gute Miene zum bösen Spiel machen. Nun weiß er endlich, woran er ist.

Nachteil: Leider sind wir in diesem Fall ein wenig über das Ziel hinausgeschossen. Es geht doch schließlich darum, wer das Geschirr spült, oder nicht? An seinem Übergewicht und seiner mangelnden Libido wird er auf die Schnelle nichts ändern können. Außerdem ist es extrem unfair, wochenlang jeden Groll in sich hineinzufressen und hinterher ein ellenlanges Sündenregister aufzumachen. Statt angemessener Kritik bekommt der andere dann ein unverdauliches Wutgebräu hingeknallt und hört nur Mieses und Fieses. Egal wie wütend man ist: Es wird nicht unter die Gürtellinie gezielt. Damit kann man irreversible Schäden anrichten. Wir wollen doch schließlich auch nicht hören, daß wir mit unseren morgendlichen Tränensäcken wie eine häßliche Unke aussehen.

Der Rundumschlag

Er: Ach, Liebling, da bist du ja schon. Ich wollte gerade den Abwasch machen …

Sie: Na toll, der ist also auch noch nicht fertig. Aber das ist ja nichts Neues. Auf euch Scheißtypen ist eben einfach kein Verlaß!

Er: Ich wollte …

Sie: Das hat der blöde Schröder heute mittag auch gesagt. Und dann hat er mich in der Konferenz einfach hängenlassen. Aber wen hat Dr. Sperling, der alte Saftsack, hinterher angeschnauzt? Mich!

Er: Ich dachte …

Sie: Ach komm, du bist doch keinen Deut besser. Läßt mich im Stich, wenn's drauf ankommt. Männer sind wirklich das Letzte. Groß tönen und nichts dahinter. Habt ihr eigentlich noch was anderes im Kopf als eure Bequemlichkeit? Parasiten seid ihr, fiese kleine Blutsauger. Ihr nutzt uns doch nur aus. Mir reicht's!

Vorteil: Ja, Männer sind manchmal sehr unzuverlässig, und es ist gut, wenn wir das in aller Klarheit erkennen. Gerade im Berufsleben haben Frauen nach wie vor mit dieser subtilen Form der Diskriminierung zu kämpfen, und es ist nicht immer einfach, sich da zu behaupten. Um so wichtiger ist es, daß wir uns mit beruflichen Problemen an unseren Partner wenden können und typisch männliche Verhaltensweisen mit ihm gemeinsam analysieren.

Nachteil: Jetzt mal ehrlich: Ihr Mann kann doch nun wirklich nichts dafür, daß Kollege Schröder ein fauler Sack ist und Dr. Sperling diesem Idioten auch noch die Stange hält. Eine der wichtigsten Grundlagen der konstruktiven Streitkultur besteht darin, daß wir unseren Ärger da offenbaren, wo er verursacht wird. Das nächste Mal beschimpfen wir Schröder oder knallen Sperling unsere Kündigung auf den Tisch. Aber wir müssen deshalb nicht gleich den Glauben an die Männer verlieren. Unserer ist doch eigentlich ganz in Ordnung. Und jetzt, mein Lieber, wird gespült!

Das Martyrium

Er: Ach, Liebling, da bist du ja schon. Ich wollte gerade den Abwasch machen …

Sie: Nein, nein, schau ruhig das Fußballspiel zu Ende. Ich bin derart verspannt, da tut mir ein wenig Hausarbeit sicher ganz gut.

Er: Aber das …

Sie: Schon gut, du hattest ja sicher auch einen anstrengenden Tag. Ich mach das eben schnell fertig. Die Bügelwäsche erledige ich dann halt morgen vor der Arbeit.

Er: Liebling, du weinst ja!

Sie: Ach, das ist nur wegen meiner Migräne. Seit heute früh hab ich diese gräßlichen Schmerzen, aber das ist ja nicht dein Problem.

Er: Ich …

Sie: Vergiß es. Wenn du unbedingt Fußball gucken mußt, dann ist das ja offensichtlich wichtiger. Ich komm schon allein zurecht.

Vorteil: Sehr richtig, selbst ist die Frau. Und bevor wir jetzt noch lange rumdiskutieren, erledigen wir den Mist halt ohne seine Hilfe. Das Fußballspiel haben wir ihm jedenfalls gründlich versaut. Auch Männer haben nämlich ein Gewissen, und an seinem wird es jetzt kräftig nagen: Läßt seine Frau einfach den Abwasch machen, obwohl es ihr schlechtgeht. Das hat er nun davon, der Schuft!

Nachteil: Jetzt ist die Dreckarbeit also doch wieder an uns hängengeblieben. Und wir haben sie uns auch noch selbst zugeschanzt, weil wir ihm keine Chance zur Wiedergutmachung eingeräumt haben. Außerdem haben wir auch noch ein schlechtes Gewissen. Dieses klägliche Manöver, das wir da gerade abgeliefert haben, war doch nichts als billige Erpressung. Nach dem Motto: Entweder du hilfst mir, und zwar rechtzeitig, oder ich sieche vor deinen Augen dahin. Haben wir so was nötig? Nein, meine Damen, ein klares Nein!

Der Temperamentsausbruch

Er: Ach, Liebling, da bist du ja schon. Ich wollte gerade den Abwasch machen …

Sie: Nicht nötig, ich übernehm das schon!

Er: Aber … Liebling! Was tust du denn da. Das geht doch nicht. Die armen Fische, nicht, neiiiin …!

Sie: Ich scheiß auf deine armen Fische. Wofür ist denn das beknackte Aquarium da? Sollen doch diese glupschäugigen Monster die Arbeit übernehmen, wenn du zu blöd dafür bist. Kommt, ihr kleinen ekligen Viecher! Da, leckere Fettränder!

Er: So hör doch auf …

Sie: Hast wohl Angst, daß sie sich an meinem Auflauf

den Magen verderben, was? Na gut, es geht auch anders …

Er: Bist du verrückt geworden? Du kannst doch das Geschirr nicht auf die Straße werfen!

Sie: Kann ich nicht? Dann schau doch mal genau hin. Schau, wie schön sie fliegen, die Scheißteller, du blöder Mistkerl!

Vorteil: Das Problem mit dem Abwasch ist zumindest für diesen Abend erledigt. Wo kein Geschirr mehr vorhanden ist, muß auch nicht gespült werden. Im übrigen erweist sich Gewalt gegen Einrichtungsgegenstände und Wohnaccessoires als die beste Methode, um Männer einzuschüchtern. Männer fürchten nichts so sehr wie hysterische Frauen und werden in Zukunft alles tun, um solche gräßlichen Temperamentsausbrüche zu verhindern.

Nachteil: Also wirklich, das schöne Geschirr! Auf Dauer wird das ganz empfindlich teuer, wenn wir jedesmal Chaos und Verwüstung stiften, nur weil wir uns über unseren Gatten ärgern. Wir sollten wirklich mal darüber nachdenken, warum wir immer gleich tätlich werden, wenn der andere unsere Erwartungen nicht erfüllt. Wer in der Liebe wild um sich schlägt, hat's nötig. Das heißt, er braucht den anderen mehr, als er zugeben kann. Mit dem Geschirr versucht man dann gleichzeitig, die Abhängigkeit von ihm zu zerschlagen. Aber so einfach ist das leider nicht.

Das Traumpaar

Er: Ach, Liebling, da bist du ja schon. Ich wollte gerade den Abwasch machen …

Sie: Ich hatte gehofft, du hättest das schon erledigt, damit wir's uns für den Rest des Abends gemütlich machen können.

Er: Ich …

Sie: Ich weiß schon, das war keine böse Absicht. Aber ich bin nun mal darauf angewiesen, daß du mich im Haushalt entlastest. Gerade jetzt, wo es im Job so hoch hergeht.

Er: Aber …

Sie: Weißt du, in letzter Zeit wächst mir alles über den Kopf. Manchmal habe ich das Gefühl, daß du das mit meiner Berufstätigkeit unterschätzt.

Er: Vielleicht sollte ich …

Sie: Nein, nein, ist schon gut. Hauptsache ist doch, daß wir über so was reden können und du zu meinen Problemen Stellung nimmst. Jetzt machst du schnell den Abwasch, und ich trockne ab, dann geht's schneller. Gell, Schatz. Küßchen!

Vorteil: Auseinandersetzungen dieser Art verdienen zweifellos das Prädikat «besonders wertvoll». Da wird das Problem glasklar analysiert, in aller Ruhe vorgetragen, und hinterher wird nach einem konstruktiven Kompromiß gesucht, mit dem beide Parteien leben können. Einfach großartig. In Zukunft weiß der Gatte, daß seine Frau mit der Doppelbelastung überfordert ist, und wird versuchen, sie in allen Lebenslagen zu entlasten. Was wollen wir mehr?

Nachteil: Verständnis hin oder her: Dieser faule Hund könnte ruhig mal von sich aus und ohne zusätzliche Aufforderung die Spüli-Flasche ergreifen. Wenn wir auf jede Fehlleistung mit Nachsicht und Besonnenheit reagieren, wird er sich ja nie ändern. Wenn doch, um so schlimmer. Eine derart klebrige Harmonie ohne Zoff und explosive Wortgefechte ist garantiert das Ende jeder Erotik. Guten Sex? Können wir von nun an vergessen. Dafür ist dann aber das Geschirr garantiert blitzsauber. Dabei läßt sich das auch anders hinkriegen. Alles, was wir brauchen, ist eine zuverlässige Spülmaschine.

«Wo sind meine roten Socken?»

Die typischen Macken der Ehemänner

Es war ein lauer Abend im Spätsommer. Anna und ich saßen auf der Terrasse und frönten unserer Leidenschaft für Klatsch und alkoholhaltige Erfrischungsgetränke, als plötzlich ein donnernder Lärm unter unseren Füßen ertönte. Ich zuckte erschrocken zusammen. «Habt ihr eure Garage in einen Truppenübungsplatz umgewandelt, oder was ist da unten los?» brüllte ich entsetzt.

Anna lächelte etwas gequält. «Nein, Christine. Das ist Jans neueste Anschaffung.»

Ich stutzte. «Sag bloß, der hat sich jetzt eine Harley gekauft.»

«Nicht ganz», sagte Anna, und da sah ich ihren Ehemann auch schon um die Ecke biegen – mit einem dröhnenden Aufsitzrasenmäher unterm Hintern.

«Das ist jetzt nicht sein Ernst», japste ich, als mein erster Lachkrampf abgeebbt war und ich auf Jans Gruß kraftlos zurückgewunken hatte. Der Rasenabschnitt von Jans und Annas Garten hatte in etwa die Größe meines Badezimmers und ließe sich notfalls auch mit einer Nagelschere auf die gewünschte Höhe stutzen.

«Darum geht es nicht», sagte Anna und sah zu, wie

Jan schwungvoll das Steuer rumriß, um in Richtung Komposthaufen zu zuckeln. War dies vielleicht ein typischer Auswuchs des vielzitierten männlichen Spieltriebs? Eine Reminiszenz an die Kindheit, als der Kleine rund um die Uhr mit Plastiktreckern und lautem «brummbrumm» über den elterlichen Veloursteppich düste? Anna schüttelte traurig den Kopf. «Ich fürchte, es ist viel schlimmer», sagte sie. Und fing an zu erzählen.

Männer, so behauptete Anna an jenem Abend, entwickeln nach der Hochzeit eine seltsame Leidenschaft für bestimmte Tätigkeiten rund um Haus und Hof. Ich hielt das zunächst für eine ziemlich kühne Aussage. Meiner Erfahrung nach sind alle Männer in Sachen Hausarbeit echte Vermeidungskünstler. Und wenn ich den Klagen meiner Freundinnen Glauben schenken darf, änderte sich daran nach der Hochzeit rein gar nichts. Die meisten Männer, die ich kenne, halten volle Mülleimer für ein gestalterisches Element in der Designerküche, glauben fest daran, daß die Toilette in der gemeinsamen Wohnung einen Selbstreinigungsmechanismus besitzt, und sehen sich außerstande, einen einfachen Wischmop zu bedienen. Hinzu kommt, daß Männer, sobald sie mit einer Frau zusammenleben, eine eigentümliche Sehschwäche entwickeln. Anders läßt es sich nämlich nicht erklären, daß die Frage «Wo ist eigentlich mein ...» von nun an den ehelichen Alltag prägt wie keine andere. Ich weiß nicht, woran es liegt, aber Männer suchen nie selbst. Sie stellen sich in die Küche, setzen einen gehetzten und ehrlich verzweifelten Gesichtsausdruck auf und fragen. Nach ihren roten Socken (die sie gestern höchstpersönlich in den Wäschekorb versenkt haben), nach dem Salzstreuer (der exakt einen Zentimeter neben ihrem Teller steht), nach ihrem Auto (das sie vor zwei Stunden eine Straße weiter geparkt haben). Und weil wir Frauen hilfsbereite Deppen sind, springen wir natürlich sofort hoch und nehmen die Witterung auf. Ich kenne Männer, die sich, sobald sie verheiratet sind, keine Zahlen mehr merken können. Kalkulationstabellen, Zuwachsraten und die Telefonnummer ihres Tennispartners – das geht gerade noch. Aber den Geburtstag ihrer Mutter vergessen sie mit Unterzeichnung des Ehevertrags schlagartig. Weil sie jetzt einen umsichtigen Trottel an ihrer Seite wissen, der ihnen zu gegebenem Anlaß den Hörer in die Hand drückt («Es ist deine Mutter. Sie wird heute 70. Wir haben ihr eine Heizdecke geschenkt.»).

All diese Beobachtungen trugen dazu bei, daß ich Ehemännern in Sachen häuslichem Engagement nicht allzuviel zutraute. Ich war der festen Überzeugung, daß sie jeden überflüssigen Handgriff an ihre Frauen delegieren und die ihnen angeborene Faulheit nur unter Androhung der Todesstrafe überwinden. Nach dem Gespräch mit Anna wurde mir schlagartig klar, daß dies nur die halbe Wahrheit ist. Tatsache ist nämlich, daß Männer nach der Hochzeit bestimmte Aufgaben mit wilder Entschlossenheit an sich reißen und zu ihrer ureigenen Domäne erklären. Und zwar aus dem einfachen Grund, weil sie dem männlichen Selbstverständnis dienen, ihr Ego stärken und ihren angeborenen Instinkten entsprechen.

Nehmen wir zum Beispiel die Sache mit dem Aufsitzrasenmäher. Anna konnte einfach nicht verstehen, warum Jan ein Schweinegeld für dieses stinkende, dröhnende Ungetüm ausgeben wollte, zumal er sich nie für

Gartenarbeit interessiert hatte. «Am Anfang war ich fast gerührt, weil ich dachte, daß er mir diesen Job abnehmen will», sagte sie. Bis sie eines Abends beobachtete, wie Jan sich auf den Aufsitzrasenmäher schwang und seinen Blick in die Ferne schweifen ließ. Plötzlich fiel es ihr wie Schuppen von den Augen: Der ansonsten vernünftige Mann an ihrer Seite fühlte sich dank seines kleinen Treckers beim Rasenmähen wie ein Großgrundbesitzer, der auf seiner Lieblingsstute sein Land abreitet. «Ich glaube, der wartet jetzt nur noch drauf, daß ich ihm einen Stammhalter gebäre», schnaubte Anna verächtlich. «Damit er endlich sagen kann: Dies alles, mein Sohn, wird einmal dir gehören.»

Natürlich könnte man nun meinen, daß es sich hier um die bösartige Unterstellung einer lärmgeschädigten Ehefrau handelt. Die ganze Geschichte klang etwas weit hergeholt. Tatsächlich lassen sich aber ähnlich seltsame Verhaltensweisen auch in anderen Lebensbereichen beobachten: Da entwickeln ansonsten arbeitsscheue Männer einen unglaublichen Eifer, angeblich, um ihre Partnerinnen zu entlasten, in Wahrheit aber, weil sie gar nicht anders können.

Wer Männern schon mal beim Grillen zugesehen hat, weiß, wovon ich rede. Grillen ist eine klassische Männerdomäne, niemals würde man eine Frau mit derartiger Inbrunst in einem qualmenden Kohlehaufen rumstochern sehen. Statt dessen: schwitzende, schnaubende Typen, die mit entblößtem Oberkörper über den Flammen hängen, mit einem Stück Pappe Luft in die Glut fächeln und blutige Fleischklumpen in den rußverschmierten Fingern halten. Was wir hier beobachten, ist nicht etwa die Zubereitung eines wohlschmeckenden Abendessens, sondern der Mann im Kampf mit dem Element Feuer. Die Beute ist erlegt und aufgeteilt (wenn auch vom Metzger), nun gilt es, die Flammen zu bändigen und Frauen und Kinder vor dem Hungertod zu bewahren. Jeder Mann trägt dieses Bild als archaisches Muster in sich, und sobald er den Geruch von gegrilltem Fleisch wittert, bricht sich der Instinkt Bahn, drängt der Mann wie ferngesteuert zum Feuer. Was weiter kein Problem ist, es sei denn, es haben sich mehr als drei Männer über dem Grill versammelt. In diesem Fall entwickeln sie ein aggressives Territorialverhalten, beansprucht jeder den besten Platz an der Feuerstelle für sich und seine Wurst. Mit dem fröhlichen Ruf «Wer hilft mir denn, das Bierfaß anzustechen» läßt sich die Situation zum Glück schnell entschärfen. Irgendwie scheint diese Tätigkeit dem männlichen Instinkt auch entgegenzukommen.

Aber bleiben wir zunächst beim Thema Essen, respektive der Nahrungsverteilung. Kaum eine Aufgabe kommt dem männlichen Selbstverständnis mehr entgegen als das Tranchieren eines Sonntagsbratens. Auch das ist ein Verhalten, das Männer erstaunlicherweise erst nach der Hochzeit entwickeln. Und warum? Weil sie sich plötzlich in der Rolle des Familienoberhaupts gefallen, das sich gemächlich von seinem Stuhl erhebt und in aller Seelenruhe das Messer wetzt, während die hungrigen Mäuler am Eßtisch heftig einspeicheln und darauf hoffen, daß ihnen ein besonders rosiges Stück des Roastbeefs zuteil wird. Daß es bei diesem Vorgang immer wieder zu Pannen kommt, nehmen die anwesenden Frauen mit Genugtuung zur Kenntnis: Da steht dieser Typ, der sich gerade mal ein Butterbrot schmieren kann, und plötzlich will er mit Hilfe des Tranchiermessers eine veritable Weihnachtsgans zerlegen. Der hängt nach kürzester Zeit die knusprige Haut schlaff um die Fußgelenke, während sich das zarte Brustfleisch in faserigen Fragmenten auf der Servierplatte häuft. Kapitulation? Kommt nicht in Frage. Der Mann und sein Messer – auch das ist ein archetypisches Konzept, das tief im männlichen Bewußtsein verwurzelt ist. Und weil er in der heutigen Zeit im täglichen Kampf ums Überleben keinen Dolch mehr mit sich herumtragen darf, muß er sich eben aufs Tranchieren beschränken.

Eine Waffe, die im ehelichen Alltag häufiger zum Einsatz kommt, ist die zusammengerollte Samstagsausgabe einer überregionalen Tageszeitung. Sie ist das wichtigste Werkzeug des Mannes bei der Schnakenjagd. Früher, als er noch nicht verheiratet war, hat der Mann über Stechmücken ganz entspannt hinweggeschnarcht. Er wußte, daß die bösen Tierchen das wohlschmeckende Blut seiner Bettnachbarin bevorzugen, ihr verzweifelter Ruf «Ich bin völlig zerstochen!» entlockte ihm nur ein müdes Grunzen. Das ändert sich mit Beginn des Ehelebens schlagartig, denn nun entwickelt der Mann einen ausgeprägten Beschützerinstinkt, der in einer martialischen Jagdleidenschaft mündet. Kaum dringt das erste zarte Surren an sein Ohr, steht er aufrecht im Bett, die Zeitung in der rechten Hand, Mordlust in den verquollenen Augen. An Schlaf ist nicht mehr zu denken, die müde Ehefrau muß nun zusehen, wie ihr Gatte wahllos auf Nachttischlampen, Rauhfasertapeten und Bilderrahmen eindrischt. Sind alle Tiere erlegt, wartet der brave Jagdhund auf Lob, Anerkennung und Streicheleinheiten, bevor er endlich erschöpft in den Tiefschlaf fällt. Seine Partnerin hingegen liegt bis in die frühen Morgenstunden wach und fragt sich, ob das mit dem Heiraten wirklich eine gute Idee war.

Und wie das halt so ist: Wenn man nachts wach liegt, hört man plötzlich Geräusche auf dem Hausflur. War da nicht gerade ein seltsames Schnauben, ein Scharren und Schleichen? Einbrecher? Vogelspinnen? In alter Gewohnheit rüttelt sie an der Schulter des Mannes und flüstert: «Hör doch mal. Da draußen ist was!» Früher hätte er daraufhin ein kurzes «Unsinn, Schatz, das ist nur die Katze von Meiers. Das Vieh ist mal wieder rollig ...» gemurmelt, und sie wäre beruhigt eingeschlummert. Nun verhält sich die Sache anders. Der Ehemann wird auf Grund des ihm eigenen Beschützerinstinkts umgehend aus den Federn springen, einen hölzernen Kleiderbügel ergreifen und in Boxershorts aus der Haustür rennen, um im matten Schein der Straßenlaterne potentielle Eindringlinge aufzustöbern. Die Bitte, doch wieder ins Bett zurückzukommen, bewirkt da wenig. Vielleicht sollte man es besser mit einem strengen «Bei Fuß!» versuchen.

Ein ähnlich entschlossenes Eingreifen ist erforderlich, wenn sich der Mann nach der Hochzeit als Hüter der Sitten und Gebräuche aufspielt. Dieses Bedürfnis manifestiert sich in Reinform beim alljährlichen Weihnachtsfest, in dessen Vorfeld er einen Christbaum finden und aufstellen muß. Für Frauen, die mit echten Traditionalisten verheiratet sind, wird das schnell zum Trauma, denn: Der Weihnachtsbaum wird nicht gekauft, sondern im naheliegenden Forst entwendet. Selbst gesetzestreue Männer entwickeln hierbei ein anarchisches Vergnügen. Während er durchs Dickicht stapft und unschuldige Tannen ins Visier nimmt, muß die genervte Gattin am Wegesrand Wache schieben und den rufenden Kauz mimen, sobald der Förster naht. Doch auch bei gekauften Bäumen wird das Nervenkostüm der Ehefrau beschädigt, denn die tote Tanne steht nicht von allein. Sie muß in einer Halterung installiert werden. Was der männlichen Pflicht, einmal im Leben einen Baum zu pflanzen, nahekommt. Deshalb will er es ganz alleine machen. Und so wird das Bäumchen niemals gerade stehen, mehrfach kippen und den Mann zu guter Letzt unter sich begraben. Spätestens an dieser Stelle sollte seine Frau intervenieren und die Sache selbst in die Hand nehmen. Sonst wird es dieses Jahr wieder nichts mit dem Fest des Friedens und der Freude.

Aber wenden wir uns wieder den alltäglichen Problemen des Ehelebens zu. Als da wären: defekte elektrische Geräte in jeder Form und Größe. Jeder verheiratete Mann fühlt sich berufen, sein technisches Geschick unter Beweis zu stellen, sobald der Fön, der Staubsauger oder der Gattin praktischer Pürierstab den Geist aufgeben. Dagegen ist nichts einzuwenden. Leider lehrt uns die Erfahrung, daß der Mann elektrische Geräte zwar problemlos zerlegen kann, mit deren Innenleben aber wenig anzufangen weiß. Meistens beschränkt er sich darauf, kräftig hineinzupusten und zu versichern, daß «das Ding jetzt eigentlich wieder funktionieren müßte». Gut möglich, wenn er nur wüßte, wie man es wieder zusammensetzt. Nach drei Stunden emsigen Tüftelns wird das Gerät für veraltet erklärt und wandert in die Mülltonne.

Es könnte auch mit der Lust am Tüfteln zusammenhängen, daß Männer, trotz ihrer natürlichen Scheu vor Hausarbeit, eine wahre Hingabe beim Umgang mit der Spülmaschine entwickeln. Nicht, daß sie täglich die schmutzigen Teller einräumen, das Gerät mit Entkalker und Spülmittel versorgen würden. Keineswegs. Aber sobald die Maschine voll ist und bereit, ihren Dienst zu tun, schreitet der Mann zur Tat und räumt den Inhalt der Spülmaschine um. Da werden Töpfe stabilisiert, Teller der Größe nach sortiert, wird umgeschichtet und neuer Platz geschaffen, und kein noch so schleimiger Fettfilm könnte den Hausherrn von seiner Aufgabe abhalten. So leid es mir tut: Abgesehen von der Tüftelfreude läßt sich für dieses Verhalten keine vernünftige Erklärung finden. Gelegentlich beschleicht mich der Verdacht, daß Männer ihre Frauen einfach gern korrigieren. Oder daß sie an dem wundersamen Vorgang der porentiefen Reinigung, der hinter verschlossener Spülmaschinentür stattfindet, irgendwie teilhaben wollen («Und warum wird das Geschirr so sauber? Weil es mit Verstand eingeräumt worden ist!»). Vielleicht möchten sie auch einfach nur ihre Bereitschaft zur Mithilfe im Haushalt signalisieren. Und zwar dort, wo am wenigsten Aufwand damit verbunden ist.

Im Grunde ist das auch egal. Denn bei allem Spott, den wir angesichts dieses männlichen Eifers entwickeln, erfüllt uns ihr Tun doch mit Rührung. Schließlich beweisen unsere Partner damit, daß sie die Rolle des Ehemanns nach anfänglichem Zaudern nun mit Herz und Seele angenommen haben. Daß sie trotz allem Freiheitsdrang eine gewisse Fürsorge entwickeln und Verantwortung übernehmen. Auch wenn man die üblichen geschlechtsspezifischen Verhaltensmuster als moderne Frau weitgehend überflüssig findet: Irgendwie ist es doch gut, einen echten Mann an seiner Seite zu wissen. Einen, der rohes Fleisch in eine warme Mahlzeit verwandeln kann, an kalten Winterabenden Tannenbäume erlegt und nachts die wilden Tiere vertreibt. Während wir uns wohlig ins Kopfkissen kuscheln und zufrieden weiterschlafen.

«Heute abend bin ich mit den Mädels unterwegs!»

Die besten Strategien für eine glückliche Ehe

Es gibt Entscheidungen im Leben, über die sollte man besser nicht zu lange nachdenken. Heiraten fällt definitiv in diese Kategorie, denn nachdem ich mich in aller Ausführlichkeit mit dem Thema beschäftigt habe, fallen mir jede Menge Gründe ein, warum ich es besser lassen sollte: Der ganze Ärger bei den Hochzeitsvorbereitungen, der uns neben Augenringen und Sorgenfalten einen Haufen Schulden einbringt. Die Toleranz, die wir gegenüber dem schlechtem Geschmack unseres Gatten in Einrichtungsfragen entwickeln müssen. Die sonntäglichen Besuche der Schwiegereltern. Und die relativ große Wahrscheinlichkeit, daß wir sexuelle Exzesse fortan nur noch samstags auf der Kinoleinwand erleben werden. Wundern wir uns da noch, warum in Deutschland jede dritte Ehe geschieden wird? Natürlich nicht!

Andererseits steckt in dieser Statistik ja auch eine gute Nachricht. Daß wir nämlich trotz aller ehebedingten Widrigkeiten eine 66,6666prozentige Chance haben, diesem traurigen Schicksal zu entgehen und in ferner Zukunft mit dem Mann unseres Herzens samt zweier solider Gehhilfen Richtung Kurhotel Krone wackeln werden, wo wir uns anläßlich unserer goldenen Hochzeit auf Kosten der Kinder den Ranzen vollschlagen. Ich finde, das ist den Versuch allemal wert. Und wenn man dann auch noch bedenkt, daß die Heirat selbst uns den schönsten Tag in unserem Leben bescheren könnte, sollten wir trotz aller Bedenken nicht darauf verzichten.

Die fünfzig Jahre, die zwischen diesen beiden Terminen liegen, müssen natürlich möglichst angenehm und streßfrei überbrückt werden. Und ich glaube, es braucht schon ein paar ernsthafte Vorsätze, damit die Ehe einen so langen Zeitraum überdauert. Zumindest sollte man sich über die klassischen Beziehungsfallen im klaren sein, bevor man blindverliebt in die nächste Kirche stolpert.

Das mit Abstand größte Risiko für jede Ehe liegt meiner Meinung nach in den falschen Erwartungen, die man an den Partner und die Beziehung stellt. Das fängt schon damit an, daß man wider besseren Wissens und anderslautenden Erfahrungen davon ausgeht, daß dieser selige Zustand der Verliebtheit, mit dem wir aufs Standesamt marschiert sind, für immer und ewig anhält. Das ist, so leid es mir tut, ein Irrtum. Man kann zwar bestimmte Verhaltensweisen aus dieser beglückenden Phase der Beziehung in die Ehe rüberretten und dadurch gelegentlich ein ähnlich wohliges Gefühl erzeugen, ansonsten aber hat Verliebtheit mit einer real existierenden Beziehung wenig zu tun. Verliebtheit spielt sich vor allem im Kopf ab und ist vermutlich an den gleichen Synapsen angesiedelt, mit denen unser Gehirn Märchenprinzen zum Leben erweckt. Wenn wir verliebt sind, entwickeln wir ein Idealbild des anderen und blenden alles aus, was nicht ins perfekte Konzept paßt. Wer nur aus Verliebtheit heiratet, muß früher oder später mit einem bösen Erwachen rechnen, weil dieser Traumtyp nichts als ein Hirngespinst ist. Und deshalb sollten wir uns möglichst vor dem Jawort überlegen, ob wir nur auf Grund eines akuten Endorphinüberschusses heiraten wollen oder ob da noch ein paar andere Faktoren mit reinspielen. Ein Gefühl von Sympathie beispielsweise. Sinnliche Attraktivität. Oder emotionale Intimität. Von dem Märchenprinzen sollten wir uns jedenfalls so früh wie möglich verabschieden. Was ja nicht heißen muß, daß wir keine Visionen vom anderen entwickeln dürfen. Mit Visionen können wir durchaus Positives bewirken, Eigenschaften und Stärken des Partners zum Vorschein bringen, die er selbst nicht kannte (ein erstaunliches Geschick beim Bügeln beispielsweise, oder Talent für grobe Gartenarbeiten). Mit Visionen kann man ihn aber auch auf ein Phantombild reduzieren, das ihm nicht gerecht wird und uns jede Menge Enttäuschungen beschert.

Verliebtheit kann schon allein deshalb kein dauerhafter Zustand sein, weil sie den Alltag ausschließt. Eine Beziehung besteht nun mal nicht nur aus verträumten Ruderbootfahrten auf sommerlichen Seen, sondern auch aus schmutziger Bettwäsche, Streß im Job und verpatzten Urlaubsreisen. Romantik allein genügt nicht, um für diese Realitäten gewappnet zu sein, da sollte man schon alle Sinne beisammen haben. Was nicht heißt, daß man sich vom grauen Alltag erschlagen lassen muß. Manchmal genügen schon kleine Rituale, um verflogenen Zauber wiederzubeleben: Der sonntägliche Brunch bei Kerzenlicht, den beide als unumstößlichen Termin betrachten. Der erste Advent, der – komme was wolle – jedes Jahr auf Amrum gefeiert wird, weil beide nur bei Wind und Regen in Weihnachtsstimmung kommen. Oder der Cappuccino, den man Montagmorgen gemeinsam beim Italiener um die Ecke schlürft, um der Arbeitswoche etwas tapferer ins Auge blicken zu können. Für mich ist das die wahre Romantik, und die hat garantiert kein Verfallsdatum.

Die Liebe hat vor allem dann gute Überlebenschancen, wenn man sie nicht mit unrealistischen Forderungen überfrachtet. Und ganz gewiß ist es völlig unrealistisch, darauf zu hoffen, daß jede Unzufriedenheit im Leben in der Partnerschaft aufgefangen oder abgefedert wird. Gut, die Eltern nerven, mit der Beförderung hat es wieder nicht geklappt, und die Steuerreform ist ja wohl ein Witz, aber was soll's, Hauptsache, in unserer Beziehung herrscht eitel Sonnenschein. Falsch gedacht! Die Ehe ist kein Naturreservat, keine kuschelige Nische, in der man Zuflucht vor der grausamen Welt findet, in der nichts als Glückseligkeit herrscht. Klar, man kann sich in seiner Beziehung im Idealfall gut aufgehoben fühlen. Aber doch nur dann, wenn sie lebendig ist, wenn positive und negative Gefühle darin Raum haben und wir keine klebrig-künstliche Harmonie herstellen müssen, um für das Leben draußen gewappnet zu sein. Mal ganz abgesehen davon, daß keine Liebe der Welt einen dafür entschädigen kann, was im Laufe eines Frauenlebens so alles schiefgeht. Da muß man dann halt durch, und bestenfalls hat man einen Partner, der einem den Rücken stärkt.

Seien wir mal ehrlich: Irgendwie geht man als Frau

doch davon aus, daß die wesentliche Funktion eines Ehemanns darin besteht, uns glücklich zu machen. Das hat den großen Vorteil, daß wir ihm umgekehrt jede Unzufriedenheit in die Schuhe schieben können, die uns dann und wann beschleicht. Leider ist diese Einstellung einer der sichersten Beziehungskiller überhaupt. Zum einen, weil wir die Verantwortung für unser Glück in fremde Hände legen, was nie gutgeht. Und zum anderen, weil wir unseren Partner damit schlicht überfordern. Meine Nachbarin Heike saß kürzlich schmollend und übellaunig bei mir in der Küche und beschwerte sich, daß ihr Gatte Harald nun schon den dritten Abend in dieser Woche aushäusig verbringe und sich nie Zeit für sie nehme.

«Dann geh du halt auch aus und triff dich mit deinen Freundinnen», schlug ich vor. Heike rutschte unbehaglich auf ihrem Stuhl rum. Na ja, sagte sie, in den ersten Monaten nach der Hochzeit habe sie sich fast nie gemeldet, mittlerweile rufe keiner aus der Clique mehr an, und wie sähe das denn aus, wenn sie jetzt plötzlich wieder angekrochen käme?

Da kann ich nur sagen: selbst dran schuld! Harald hat Heike ja nicht gezwungen, sämtliche Sozialkontakte schleifen zu lassen, und wenn ihre Freunde sich jetzt ohne sie amüsieren, muß er doch nicht aus Solidarität zu Hause bleiben, um ihr die Zeit zu vertreiben und Händchen zu halten.

Abhängigkeit tut auf Dauer keiner Beziehung gut, egal ob emotional oder materiell. Das haben wir an der Generation unserer Mütter ja nun wirklich zur Genüge beobachten können. Viele dieser Frauen gaben nach der Heirat oder dem ersten Kind ihren Job auf und waren nur noch für die Familie da. Die Folge: Sie waren nicht nur auf das Geld ihrer Gatten angewiesen, sondern auch auf deren Anerkennung und Bestätigung. Irgendwann haben sie dann einen fürchterlichen Groll auf ihre Männer entwickelt, weil sie immer das Gefühl hatten, zu kurz zu kommen. Und die Männer? Fühlten sich völlig überfordert. Weil sie neben dem finanziellen Versorger auch noch den liebevollen Vater, den verständnisvollen Zuhörer und den grandiosen Liebhaber geben sollten. Nach zwanzig Jahren beiderseitigem Frust wurde schließlich die Scheidung eingereicht.

Obwohl ich zahlreiche solcher Fälle kenne, erwische ich mich gelegentlich bei dem Gedanken, daß Arbeiten doch eigentlich Männersache ist. Natürlich, ich liebe meinen Beruf und genieße die Bestätigung, die ich im Job bekomme. Aber manchmal bin ich auch genervt, und dann denke ich: Kinder kriegen, locker machen und den Alten arbeiten lassen wäre doch keine schlechte Alternative. Nur, daß der Alte sich auf so einen Deal nie einlassen würde. Und zwar zu Recht. Weil ich ihm damit die ganze Verantwortung aufhalsen würde. Und weil eine Frau, die kein eigenständiges Leben hat, früher oder später unzufrieden wird und ihn in den Würgegriff nimmt. Klammernde Frauen, das ist nun mal der Horror aller Männer.

Das klingt jetzt vielleicht, als wollte ich die Männer jeder Verantwortung entheben und jedes Beziehungsproblem den Frauen in die Schuhe schieben. So ist es nicht gemeint. Aber wenn wir wollen, daß die Männer sich stärker in der Beziehung und – wenn Kinder da sind – in der Familie engagieren, dann müssen die Frauen eben im Gegenzug auch mehr Verantwortung übernehmen.

Ein Standardvorwurf, den Frauen ihren Männern machen, ist der, daß sie zuwenig Gefühl zeigen. Stimmt wahrscheinlich auch, so wurden sie eben erzogen, von klein auf sollten sie vor allem stark und selbstbewußt sein, Schwäche war ein Privileg blondgelockter Mädchen. Zum Glück haben sich die Zeiten geändert, inzwischen ist Emotionalität auch bei Männern gesellschaftsfähig, und nun sollen sie bitte alles rauslassen, was in ihrer Seele rumort, die Frauen möchten es so. Aber was passiert denn, wenn sie es tatsächlich tun? Streichen wir ihnen dann tröstend übers schüttere Haar? Eben nicht. Oft genug reagieren wir mit Angst und Schrecken. Emotionalität manifestiert sich nämlich nicht nur in Form eines dreimal täglich hingehauchten «Schatz, ich liebe dich!». Manchmal geht's da auch ans Eingemachte. Wenn er zum Beispiel abends nach Hause kommt und in Tränen ausbricht, weil er in seinem Job todunglücklich ist und am liebsten kündigen würde. Oder wenn er seit Wochen Magenschmerzen hat, weil er sich in der Beziehung eingeengt und überfordert fühlt. Das möchten wir dann lieber nicht hören, weil solche Gefühle unsere Existenz bedrohen – entweder weil wir nächstes Jahr schwanger werden wollten und er dieses Projekt mit seinem Job finanzieren sollte. Oder weil wir nun um die Zweisamkeit bangen, denn ganz offensichtlich fühlt er sich ja nicht mehr wohl. Statt Verständnis zeigen wir Panik und wundern uns dann, wenn er seine Gefühle in Zukunft erst recht unter Verschluß hält. Auch hier ist Selbständigkeit wahrscheinlich die beste Prophylaxe. Eine Frau, die ihr eigenes Geld verdient und trotz Ehe ein Eigenleben hat, kann die Schwäche ihres Partners viel besser ertragen, denn ihr Glück wird dadurch nicht angefochten. Wenn wir von unseren Männern mehr Gefühl fordern, dürfen wir eben nicht wählerisch sein. Dann müssen wir Angst genauso akzeptieren wie Stärke, Distanz genauso wie Hingabe, Euphorie genauso wie das heulende Elend.

Leider fällt Frauen nichts schwerer, als ihre Männer so sein zu lassen, wie sie sind. «Den krieg ich schon hin!» lautet der muntere Schlachtruf, den die Braut ihren Freundinnen beim letzten gemeinsamen Abend in Freiheit entgegenschmettert. Und dann wird der arme Bursche umgemodelt: von Currywurst auf Vollkorn, von Jeansjacke auf Zweireiher, von Lässigkeit auf Erfolg. Klappt ohne große Probleme. Komisch nur, daß er in letzter Zeit so distanziert ist, sie nicht mehr richtig an sich ranläßt. Aber was soll er sonst tun? Wenn ein Mann sich entzieht, könnte das doch auch ein Zeichen dafür sein, daß er sich verletzt fühlt. In ihrer Nähe darf er nicht er selbst sein, sondern nur so, wie sie ihn haben will. Er will sie nicht verlassen – er liebt sie ja –, aber ohne einen gewissen Sicherheitsabstand verliert er langsam seine Identität. Also rückt er von ihr ab – weit genug weg, um ihren Forderungen zu entkommen, aber nah genug dran, um sie nicht zu verlieren.

Dabei könnte alles so einfach sein: Wir müßten den Mann nur zur Pommesbude schicken, während wir uns leckere Grünkernbratlinge brutzeln, sein jugendliches Aussehen dank Jeansjacke bewundern und selbst erfolgreich sein. «Die Liebe ist immer nur des geliebten Lebens kleinere Schwester», hat der Schriftsteller Botho Strauß mal geschrieben, und obwohl ich ihn ansonsten für einen selbstgefälligen Wichtigtuer halte, hat er in diesem Punkt ausnahmsweise mal recht.

Nun stellt sich natürlich die Frage, warum man überhaupt heiraten soll, wenn man dann ständig eigene Wege gehen muß, damit die zarte Männerseele keinen Schaden nimmt. Besteht da nicht die Gefahr, daß man sich irgendwann fremd wird?

Eben nicht. Eigenständigkeit ist die Voraussetzung für Intimität, auch wenn das zunächst widersprüchlich klingt. Denn je unsicherer man sich fühlt und je unbefriedigender man sein eigenes Leben findet, desto mehr erwartet man von der Beziehung. Und mit diesen Erwartungen schlägt man den Partner garantiert in die Flucht. Abgesehen davon kann eine gewisse Fremdheit höchst belebend für die Liebe sein, weil man sich immer wieder neugierig aufeinander zubewegt. Man darf jedenfalls nicht davon ausgehen, daß man für immer und ewig miteinander verschmilzt. Jeder verändert sich im Laufe der Ehe und muß seinen eigenen Weg unabhängig vom Partner finden. Hauptsache ist doch, daß man in Kontakt bleibt, den anderen teilhaben läßt, miteinander redet. Ich glaube, das ist die wichtigste Voraussetzung für eine gute Ehe: diesen Balanceakt zwischen Hingabe und Distanz hinzukriegen.

Auch wenn das keine leichte Aufgabe ist – eine Herausforderung ist es allemal. Ich bin jedenfalls zu allem bereit. Vorausgesetzt, der Mann meines Lebens kriegt endlich die Zähne auseinander und stellt mir die alles entscheidende Frage. Die Antwort müßte er allmählich kennen: Ja, ich will!

«Was spricht eigentlich dagegen?»

Statt eines Antrags: Patrick und wie er die Ehe sieht

Nett, daß ich jetzt auch mal was sagen darf, nachdem ich die Niederschrift dieses Buchs nur als teilnehmender Beobachter begleitet habe. Was eine seltsame Rolle ist, zumal es sich ja nicht unwesentlich um meine Person dreht. Christine war der Meinung, nachdem nun verschiedentlich von diesem Patrick die Rede war, solle er selbst seine Sichtweise der Dinge darlegen. Ich persönlich finde das völlig in Ordnung, weil Patrick in den zwanzig Kapiteln ein eigenartiges Dasein führt. Er tritt ja bestenfalls als Schattenmann in Erscheinung, in manchen Kapiteln wird er als notwendiges Inventar irgendwo in einer Ecke abgestellt und gibt den liebenswerten Tölpel. Das kann ich so natürlich nicht stehenlassen.

Was ich gern so stehenlasse, sind Christines Komplimente, also das mit den blauen Augen und dem Lächeln, das Dennis Quaid von mir geklaut hat. Dabei verschweigt Christine allerdings, daß ich mich schon sehr viel länger für sie interessiert hatte als sie für mich. Und daß ich mich ganz schön in die Kampfkurve legen mußte, bis sie mich «erhörte». Ich erzähle das, weil sonst leicht der Eindruck entstehen könnte, meine zögerliche Haltung dem Heiraten gegenüber sei mit einem eher lauen Interesse an Christine zu erklären. Im Gegenteil, ich bin sehr an einer langen festen Beziehung interessiert. Kurzum: Ich finde Christine klasse, ich liebe sie und will mit ihr zusammensein. Aber warum unbedingt heiraten?

Christine hat in diesem Buch viele Gründe dafür genannt, wirklich überzeugt hat mich keiner. Dabei liebe auch ich Feiern und bin ziemlich oft auch ziemlich romantisch, wenn nicht gar sentimental. Aber: Die Entscheidung, mit jemandem sein Leben verbringen zu wollen, gehört für mich zu den intimsten und privatesten überhaupt, und dazu hat Christine sich gar nicht geäußert.

Ich traf diese Entscheidung für mich an einem Sonntagmorgen, als ich ausnahmsweise mal früher wach wurde und ihr beim Schlafen zusah. Ich will jetzt nicht zu sehr ins Detail gehen (das kann Christine besser), aber da war so ein bezaubernder Schwung auf ihrer Oberlippe, der sich perfekt mit ihrem Mundwinkel traf, und als sie sich im Halbschlaf behaglich an mich schmiegte, wußte ich ganz intuitiv: So ist es gut. So kann es gern bis ans Ende meiner Tage bleiben.

Eine solche Entscheidung öffentlich zu zelebrieren, ist zumindest Geschmackssache, womit ich nicht sagen will, daß ich es unmöglich finde. Ich tue mich nur schwer damit, diese Intimität von achtzig bis hundert Leuten bejubeln zu lassen. Erschwerend kommt hinzu, daß ich jede Feier nach meinem Gutdünken gestalten kann. Ausgerechnet meine Hochzeit muß ich aber zu gut neunzig Prozent anderen überlassen: dem Standesbeamten, dem

Pastor oder meiner Frau. Christine hat selbst darauf hingewiesen, daß weder Rathaus noch Kirche als «Location» für den «schönsten Tag im Leben» wirklich prädestiniert sind. Ich mag Kirchen architektonisch gesehen schon nicht besonders, ich mag die Musik nicht, die dort gespielt wird, und ich finde die üblichen Ansprachen auch nicht besonders erbaulich. Ich bin überhaupt höchst selten in einer Kirche anzutreffen. Ausgerechnet meine Liebesbeziehung dort absegnen zu lassen, wäre für mich ähnlich absurd, wie meinen dreißigsten Geburtstag mit einer Ballonfahrt zu feiern. Ich habe Höhenangst.

Ob man's mag oder nicht: In der Kirche ist zumindest noch klar, wer da seinen Segen anbietet. Aber auf dem Standesamt? Wem stehe ich da eigentlich gegenüber? Wer ist der dritte im Bunde? Ein seltsames rechtsstaatliches Gebilde, das mir einmal im Monat Geld aus der Tasche zieht und ansonsten ganz brauchbare Schulen und Autobahnen baut. Was soll ich da? Ich dachte immer, es geht um Liebe. Gut, mag man jetzt einwenden, das sind Konventionen, die gehören nun mal dazu. Die eigentliche Feier ist doch Privatsache. Stimmt, aber nicht meine. Viele Frauen, und Christine macht da keine Ausnahme, neigen dazu, das Thema Hochzeit exklusiv zu ihrem eigenen zu machen, in der Annahme, Männer ließen diese Prozedur ohnehin nur tapfer, aber leidend über sich ergehen. Das trifft dann zu, wenn man als Bräutigam auf seiner eigenen Hochzeit wie auf einer fremden Veranstaltung steht, weil sie von anderen inszeniert worden ist. Es ist gar nicht so einfach, sich einen blendend originellen Heiratsantrag einfallen zu lassen, eine gute

Figur bei den Schwiegereltern zu machen, den passenden Smoking auszuwählen, die richtigen Freunde zur Hochzeit einzuladen und den Walzer ordentlich hinzukriegen, wenn man sich einem Bollwerk von ziemlich präzise formulierten Vorstellungen gegenübersieht.

Das ist gar nicht mal als Vorwurf an Christine adressiert. Aber fast alle Verhaltensweisen rund um die Hochzeit sind nun mal hochgradig ritualisiert – das heißt, es bleibt wenig Raum für Individualität. Es ist wohl kein Zufall, daß Christine zum Beispiel das Kapitel über den Antrag als Typologie geschrieben hat. Bevor ich mir überlege, wie ich es denn machen würde, schießen mir tausend Klischees durch den Kopf, und Klischees haben nun mal etwas Lächerliches. Die Tischrede, der Brautstrauß und der unvermeidliche Walzer liegen für mich auf der gleichen Linie. Wobei ich fest davon überzeugt bin, daß selbst der härteste Hochzeits-Zyniker am Tage seiner Trauung angesichts der aufrichtigen Rührung aller Anwesenden beseelt in die Knie gehen wird. Aber eben erst am Tag X. Vorher löst die Vorstellung meiner Liebsten im weißen Brautkleid eher gemischte Gefühle aus. Ich finde nicht, daß dieser monströse Tüllwust irgendeiner Frau auf diesem Planeten wirklich steht. Zu ähnlich sehen sich Braut und Schaufensterpuppe, der das teure Stück entrissen wurde. Das alles muß nicht zwingend zu einer Totalverweigerung führen, trägt jedoch sicher nicht dazu bei, daß ich selber mit aufrichtiger Begeisterung eigene Vorstellungen zu dem Thema entwickle. Aber das könnte ich ja im Grunde genommen jetzt tun, jetzt, da mir niemand hereinredet. Ist ja schließlich mein Kapitel.

Die einfachste Möglichkeit wäre einzulenken. Klingt nach billigem Kompromiß, muß es aber nicht sein. Wenn Christine mir so wichtig ist, und wenn ihr dieses Fest so wichtig ist – was spricht dagegen, ihr diese Freude zu machen? Im Laufe seines Lebens geht man viel schmerzhaftere Kompromisse ein, oder?

Die komplizierte Variante wäre, mir vorzustellen, wie ich heiraten würde, wenn ich denn heiraten wollte. Da fällt mir natürlich sofort Las Vegas ein, und ebenso schnell verwerfe ich den Gedanken wieder. Erstens geht Las Vegas schon mal gar nicht, weil ich mich nicht in die Reihe der selbsterklärten Nonkonformisten einfügen will, die «ganz spontan, verstehst du, ohne den ganzen bürgerlichen Scheiß» einfach nur mal so schnell zum Heiraten in diese deprimierend häßliche Stadt gejettet sind. Zweitens würde ich das meinen Eltern nie antun. Ich weiß, sie würden es akzeptieren, aber ich käme mir vor wie ein Schwein. Nur weil ich verschrobene Ansichten zum Heiraten habe, muß ich meine Eltern, die immer sehr loyal zu mir waren, nicht vor den Kopf stoßen. Also: Meine Eltern müßten schon dabeisein. Und Christines natürlich auch. Und mein Bruder, und dann natürlich ihre Schwester. Dann wären wir also schon mal acht Personen, plus Trauzeugen – das wäre bei mir auf jeden Fall Lutz! – zehn Leute. Mit denen man gediegen essen gehen könnte. Und die Freunde? Kann man die wirklich ausklammern? Eigentlich nicht. Schon gar nicht, wenn der Trauzeuge ein Freund ist. Damit würde ich ja signalisieren: Mit Lutz bin ich wirklich dicke, aber ihr seid mir letztlich egal. Nein, das haben meine Freunde nicht verdient. Also entweder ein Essen mit dem harten Kern und am zweiten Tag ein Fest mit allen, oder gleich ein großes Fressen mit allen. Darüber müßte ich dann wohl in Ruhe mal mit Christine reden. Vielleicht gehen unsere Vorstellungen gar nicht so weit auseinander.

Bleibt nur noch die entscheidende Frage: Warum? Der Gang zum Standesamt mutet mich bei aller Liebe fremd an, auf der anderen Seite ist Christine ja auch nicht irgendwer, sie ist jung, hübsch und schickt sich an, eine erfolgreiche und hoffentlich gut verdienende Buchautorin zu werden. Wenn überhaupt ins Rathaus, dann in ihrer Begleitung. Warum das Geziere, zumal ich doch schon fest mit ihr liiert bin, so etwas wie einen Vorvertrag mit Option auf unbefristete Verlängerung unterschrieben habe?

Wenn ich ehrlich bin, weiß ich es selbst nicht so genau. Wahrscheinlich liegt es daran, daß die Ehe ein traditionsüberladenes Konstrukt ist, das trotz anhaltend hoher Heiratsquoten in der öffentlichen Meinung irgendwie an Ansehen verloren hat. Das liegt auch an den horrenden Scheidungsquoten, aber sicher nicht ausschließlich. Die Ehe legt nach wie vor eine traditionelle Rollenverteilung nahe, die es in einer festen/freien Beziehung so nicht gibt: Mit der Ehe konfrontiert, sehen sich viele Männer in die Rolle des Familienoberhaupts gedrängt. Ich mache da keine Ausnahme. Zwar halte ich es für unwahrscheinlich, daß ich eines Tages einer Frühstückstafel mit sieben Kindern inklusive einer übellaunigen Frau Hohwieler, von der ich außer einer Tupperdose mit lieblos gestrichenen Stullen nicht viel zu erwarten habe, vorstehe. Aber es macht doch einen Unterschied, ob ich mein eigenes Leben führe, in dem Christine eine zentrale Rolle spielt, oder ob ich zusehen muß, wo ich neben der Ehe überhaupt noch eine Rolle spiele, wo ich meinen Platz finde zwischen Schwiegereltern, zwischen «Darf ich vorstellen: mein Mann», zwischen Familienplanung und selbstverständlicher Zweisamkeit. Daß dieser Platz zur kargen Nische geraten könnte, diese Sorge teile ich sicher mit vielen Männern. Diese Befürchtungen haben gar nichts mit Christine zu tun. Sie haben mit der Ehe zu tun, die als Konzept latent erdrückend daherkommt. Wie man es hinbekommt, sich davon nicht erdrücken zu lassen, hat Christine ja in einigen Kapiteln beschrieben, vor allem im letzten, was ich mit besonderem Interesse gelesen habe.

Insofern sehe ich ganz optimistisch in unsere Zukunft und sage: Ja, ich will – mit dir leben. Mit oder ohne Trauschein.